KB239601

일본어능력시험을 대비한

중상급 일본어문형

저자 김창남(金昌男)
무라카미치사토(村上智里)

제이앤씨
Publishing Corporation

　필자는 지금까지 한국 대학생들의 일본어교육에 전념해 오면서 한국인 일본어 학습자들이 습득하기 어려운 일본어 문형과 오용이 많이 나타나는 일본어 표현을 분석하고, 또 이를 해결하기 위해 한국인들에게 적합한 일본어 교재 및 교수법 개발에 힘써 왔습니다. 그 동안 다양한 일본어 교재를 검토하면서 특히 문형 교재의 경우는 초급과 중급 레벨은 많은데 상급 레벨은 그리 많지 않다는 것을 알게 되었으며, 이를 계기로 이번에 중상급 레벨의 문형 교재를 출판하게 되었습니다.

　책의 구성에 있어서는 일본어 학습자들의 이해를 돕기 위해 용어는 일반적이고 쉬운 용어를 사용하였으며, 또 각 문형별로 다루고 있는 용례는 중상급 학습자들에게 적절한 용례를 선정하는데 최선을 다했습니다. 또한 학습자들의 이해력을 확인할 수 있도록 각 문형별로 문형완성 문제와 문형 만들기 문제를 두었으며, 특히 문형완성 문제의 경우는 후반부에 참고용 답안 예시문을 첨부하여 각자가 생각한 답과 비교할 수 있도록 하였습니다. 아무쪼록 이 책이 한국인 일본어 학습자들의 일본어 학습에 조금이나마 도움이 되었으면 하는 바람입니다.

　끝으로 이 책이 나오기까지 항상 곁에서 힘이 되어 주신 어머니를 비롯하여, 아내 서영, 또 건강하게 잘 자라준 아들 지훈·세훈, 그리고 형제들에게 감사드립니다. 아울러 그 동안 여러 가지로 도움을 주신 여러분들과 제이앤씨 출판사 사장님을 비롯한 관계자 여러분들께도 깊이 감사의 말씀을 올립니다.

2011년 5월 14일

김창남(金昌男)

	동사	**い**형용사	**な**형용사
사전형 (기본형)	書く, 見る, する	おいしい	靜かだ
연체형 (명사수식)	書く＋명사, 見る＋명사, する＋명사	おいしい＋명사	靜かな＋명사
ます형 です형	書きます, 見ます, します	おいしいです	靜かです
て형	書いて, 見て, して	おいしくて	靜かで
た형	書いた, 見た, した	おいしかった	靜かだった
たり형	書いたり, 見たり, したり	おいしかったり	靜かだったり
부정형 (ない)	書かない, 見ない, しない	おいしくない	靜かではない
과거부정형 (なかった)	書かなかった, 見なかった, しなかった	おいしくなかった	靜かではなかった
수동형 (れる/られる)	書かれる, 見られる, される		
사역형 (せる/させる)	書かせる, 見させる, させる		
사역수동형	書かされる, 見させられる, させられる		
명령형	書け, 見ろ/見よ, しろ/せよ		
ば형	書けば, 見れば, すれば	おいしければ	靜かであれば
가능형	書ける, 見られる/見れる, できる		
의지형 (う/よう)	書こう, 見よう, しよう		

일본어능력시험을 대비한

「보통형」이란 「です」「ます」가 붙지 않은 형태.
    동　　사：書く、書いた、書かない(書かぬ)、書かなかった
    い형용사：おいしい、おいしかった、おいしくない、おいしくな
        かった
    な형용사：静かだ、静かだった、静かではない、静かではなかった

「정중형」이란 「です」「ます」가 붙는 형태.
    동　　사：書きます、書きました、書きません、書きませんでした
    い형용사：おいしいです、おいしかったです、おいしくありませ
        ん、おいしくありませんでした
    な형용사：静かです、静かでした、静かではありません、静かでは
        ありませんでした

「な형용사의 어간」：静か、元気

일본어능력시험을 대비한
중상급 일본어문형

あっての

~있고 난 후의…이다

 명사 + あっての + 명사

❶ 消費者あってのビジネスだから、常に消費者の声に耳を傾けなければならない。

소비자가 있기에 비즈니스가 가능하므로 항상 소비자의 목소리에 귀를 기울여야 한다.

❷ サッカーあっての人生と言うぐらい、彼はサッカーに打ち込んでいた。

축구가 인생의 전부라고 할 만큼 그는 축구에 푹 빠져 있다.

❸ ________________________________も健康な体あってのものだ。

❹ ________________________________優勝だ。

❺ ________________________________。

常_{つね}に 항상　耳_{みみ}を傾_{かたむ}ける 귀를 기울이다　打_うち込_こむ 열중하다, 전념하다, 몰두하다 

あるまじき

있을 수 없는

접속 | 명사 + に(として)あるまじき + 명사

① 審判に暴力を振るうなんてスポーツマンに**あるまじき**行為だ。

심판에게 폭력을 휘두르다니 스포츠맨이 절대 해서는 안 될 행위다.

② 大臣として**あるまじき**発言をしたために彼は辞任に追いやられた。

대신으로서 해서는 안 될 발언을 했기 때문에 그는 사임 당했다.

③ 信号無視をするなんて、バスの運転手として________。

④ ________とは教師として**あるまじき**行為だ。

⑤ ________________。

審判 심판　　暴力を振るう 폭력을 휘두르다　　発言 발언　　辞任 사임
追いやる 내쫓다

いかんで/いかんによって 여하에 따라

접속	명사 + (の)いかんで/いかんによって

❶ 夏休みの努力いかんで志望大学の合否が決まる。

여름방학의 노력 여하에 따라 지망 대학의 합격 여부가 정해진다.

❷ 会社の対応いかんによって今後の組合の対応も変わる。

회사의 대응 여하에 따라 향후 조합의 대응도 바뀐다.

❸ ＿＿＿＿＿＿＿＿＿＿＿＿＿＿＿＿＿＿＿＿奨学金の支給が決まる。

❹ 話し合いの結果いかんで＿＿＿＿＿＿＿＿＿＿＿＿＿＿。

❺ ＿＿＿＿＿＿＿＿＿＿＿＿＿＿＿＿＿＿＿＿＿＿。

志望 지망　　合否 합격 여부　　対応 대응　　組合 조합　　奨学金 장학금
支給 지급

いかんによらず/いかんにかかわらず _{~를 불문하고}

| 접속 | 명사 + (の)いかんによらず / いかんにかかわらず |

❶ 料金は理由の**いかんによらず**払い戻しされませんのでご注意
ください。

요금은 이유를 불문하고 환불되지 않으므로 주의하시기 바랍니다.

❷ 動機の**いかんにかかわらず**、殺人は決して許されない行為
だ。

동기를 불문하고 살인은 절대로 용서받을 수 없는 행위다.

❸ ＿＿＿＿＿＿＿＿＿＿、誰でも協定大学に留学することができる。

❹ 明日の天気の**いかんにかかわらず**＿＿＿＿＿＿＿＿＿＿。

❺ ＿＿＿＿＿＿＿＿＿＿＿＿＿＿＿＿＿＿＿。

| 払い戻し 환불 | 動機 동기 | 協定大学 협정대학 |

いざしらず

둘째 치고, 어떨지 몰라도

접속	명사 + はいざしらず
	명사 + だったら / なら(ば) / であれば + いざしらず
	동사의 た형 + かはいざしらず

❶ 世間の評価は**いざしらず**、一家の主としては立派な人物だ。

세간의 평가는 어떨지 몰라도 한 가정의 가장으로서는 훌륭한 인물이다.

❷ 自宅だったら**いざしらず**、学校にその格好はふさわしくない。

자기 집이라면 몰라도 학교에서 그 복장은 어울리지 않는다.

❸ 専門家なら**いざしらず**、景気の動向を予測することは一般人には難しい。

전문가라면 몰라도 경기의 동향을 예측하는 것은 일반인에게는 어렵다.

❹ 消費者の意識が高まったかは**いざしらず**、最近エコ車が人気だ。

소비자의 의식이 높아져서인지 모르지만 최근 친환경 자동차가 인기다.

❺ ＿＿＿＿＿＿＿＿＿＿＿＿＿＿＿＿＿＿**いざしらず**、

今どきこんな話を信じる人間はいない。

❻ 六歳の子供であればいざしらず、_______________________。

❼ ___________________________________。

いずれにしても

머지않아, 어쨌든

 접속 | いずれにしても

❶ 彼女は今年になるまで無名のピアニストだったが、**いずれにしてもその才能は素晴らしい。**

그녀는 지금까지는 무명의 피아니스트였다고는 하지만 그녀의 재능은 훌륭하다.

❷ 明日は台風が来て大雨になりそうだが、**いずれにしても**会社には出なければならない。

내일은 태풍이 와서 비가 많이 내릴 것 같지만 어쨌든 회사에 가야만 한다.

❸ ________________________**いずれにしても**

行かなければならない。

❹ この靴は少々値が張るが、**いずれにしても**________________。

❺ ________________________________。

無名 무명　　才能 재능　　素晴らしい 훌륭하다　　靴 구두　　値が張る 비싸다

OO7

いたり（至り）　　매우, 지극히, 그지없다

❶ このような由緒ある賞をいただき、感激の**至り**です。

이런 유서 깊은 상을 받게 되어 매우 감격스럽습니다.

❷ 全校生徒の前でミスをするとは、赤面の**至り**だ。

전교생 앞에서 실수를 하다니 부끄럽기 그지없다.

❸ ________________________光栄の**至り**です。

❹ ________________________汗顔の**至り**だ。

❺ ________________________。

由緒（ゆいしょ） 유서　賞（しょう） 상　赤面（せきめん） 부끄러워 얼굴을 붉힘　光栄（こうえい） 영광
汗顔（かんがん） 얼굴에 땀이 날 만큼 부끄럽게 느낌

いっこうに

한층 더, 여전히 　中上級 일본어문형

| 접속 | いっこうに + 동사의 ない형 |

❶ 一時間待ったが、飛行機は**いっこうに**離陸しなかった。

1시간 기다렸지만 비행기는 여전히 이륙하지 않았다.

❷ 就職した頃から貯金しているが、五年経った今も**いっこうに**貯まらない。

취직 한 후부터 저축하고 있지만 5년이 지난 지금도 전혀 돈이 모이지 않는다.

❸ 二時間前に薬を飲んだにもかかわらず、頭痛は＿＿＿＿＿＿＿＿。

❹ ＿＿＿＿＿＿＿＿＿＿＿＿＿＿＿＿＿＿**いっこうに**上達しない。

❺ ＿＿＿＿＿＿＿＿＿＿＿＿＿＿＿＿＿＿＿＿＿。

離陸する 이륙하다　　貯金 저금　　貯まる 돈이 모이다　　頭痛 두통
上達する 능숙해지다

おいそれと(は)・・・ない　　쉽게는・・・못 한다

| 접속 | おいそれと(は)・・・ない |

❶ こんな大役、おいそれとは引き受けられない。

이런 큰 역할은 쉽게 받아들일 수 없다.

❷ 昔は今のようにおいそれと旅行に行ける時代ではなかった。

옛날에는 지금처럼 쉽게 여행을 갈 수 있는 시대가 아니었다.

❸ 金はトラブルの原因になるから、おいそれと＿＿＿＿＿＿＿＿＿＿。

❹ ＿＿＿＿＿＿＿＿＿＿＿＿＿＿＿＿おいそれとはやめられない。

❺ ＿＿＿＿＿＿＿＿＿＿＿＿＿＿＿＿＿＿＿＿＿＿＿＿＿＿＿。

大役 대역, 중대한 임무　　引き受ける 받아들이다

おり(に)

그 때, 경우, 시기 중상급 일본어문형

접속	명사 + のおり(に) 동사의 사전형 + おりに

❶ 米不足の**おりに**パンが代用食として出回った。

쌀이 부족한 때에는 빵이 대용식으로 나돌았다.

❷ 帰省される**おりに**は、ぜひ家にお立ち寄りください。

고향에 오시게 되면 꼭 저희 집에 들러주십시오.

❸ ＿＿＿＿＿＿＿＿＿＿＿＿＿の**おりに**友人にお土産を買った。

❹ ＿＿＿＿＿＿＿＿＿＿＿＿＿**おりに**は、ぜひご連絡ください。

❺ ＿＿＿＿＿＿＿＿＿＿＿＿＿＿＿＿＿＿＿。

米不足 쌀 부족　代用食 대용식　出回る 나돌다　立ち寄る 들르다

おりからの

접속	おりからの + 명사

❶ スキー場に到着すると、おりからの寒波で吹雪だった。

스키장에 도착하자마자 한파로 눈보라가 몰아쳤다.

❷ おりからの焼酎ブームで年間の焼酎生産量が大幅に上回った。

때마침 소주의 유행으로 연간 소주 생산량이 큰 폭으로 상승했다.

❸ おりからの不況で＿＿＿＿＿＿＿＿＿＿＿＿＿＿＿＿＿＿＿。

❹ ＿＿＿＿＿＿＿＿＿＿＿＿＿＿＿＿＿＿で桜の木が倒れてしまった。

❺ ＿＿＿＿＿＿＿＿＿＿＿＿＿＿＿＿＿＿＿＿＿＿＿。

寒波 한파　　吹雪 눈보라　　焼酎 소주　　大幅 대폭　　上回る 상승하다
不況 불황

かい(がい)

보람, 효과

> 접속
> 명사 + のかいがある(ない)
> 동사의 た형 + かいがある(ない)
> 동사의 ます형 + がい

❶ 予防接種の**かい**もなく、発病してしまった。

예방접종을 한 보람도 없이 병에 걸려버렸다.

❷ 「苦労の**かい**があったね」と労いの言葉をもらった。

'고생한 보람이 있었네' 라고 격려의 말을 들었다.

❸ 仕事を休んで来た**かい**があった。

일을 쉬고 온 보람이 있었다.

❹ 釣りに来たが、三時間粘った**かい**もなく、一匹も釣れなかった。

낚시하러 왔는데 3시간 버틴 보람도 없이 한 마리도 잡지 못했다.

❺ やり**がい**のある仕事を見つけて就職したい。

보람이 있는 일을 찾아 취직하고 싶다.

❻ あなたの生き**がい**はなんですか。

당신의 삶의 보람은 무엇입니까.

❼ 四年間勉強した**かい**あって、＿＿＿＿＿＿＿＿＿＿＿＿＿＿＿＿＿＿＿。

❽ 日本語能力試験一級に合格した＿＿＿＿＿＿＿＿＿＿＿＿＿＿＿＿＿＿＿＿。

❾ ＿＿＿＿＿＿＿＿＿＿＿＿＿＿＿＿＿＿＿＿＿＿＿＿＿＿＿＿＿＿＿＿＿＿＿＿。

予防接種 예방접종　発病する 발병하다　苦労 고생　労い 격려, 위로
粘る 버티다

일본어능력시험을 대비한

がかる

物들다

接続 명사 + がかった + 명사

❶ 赤み**がかった**夕焼けの空が好きだ。

불그스름한 저녁놀의 하늘을 좋아한다.

❷ あの団体は左**がかって**いるそうだ。（＝左翼的だ。）

저 단체는 좌익 사상에 물들어 있다고 한다.

❸ アジサイの花びらは青み＿＿＿＿＿＿＿＿＿＿＿＿色をしている。

❹ 彼の言動はいつも芝居＿＿＿＿＿＿＿＿＿＿＿＿＿＿ので、

好感が持てない。

❺ ＿＿＿＿＿＿＿＿＿＿＿＿＿＿＿＿＿＿＿＿＿＿＿＿。

夕焼け 저녁놀　左翼的だ 좌익적이다　アジサイ 자양화, 수국　花びら 꽃잎
言動 언동　芝居 연극, 속임수　好感 호감

かぎりだ

~뿐이다

접속	명사 + のかぎりだ な형용사의 연체형(な) + かぎりだ い형용사의 사전형 + かぎりだ

① 彼らのしていることは、不当な言い掛かりなどの悪態の**かぎりだ**。

그들이 하고 있는 것은 부당한 비난 등의 추태에 지나지 않는다.

② こんな結果になってしまって、本当に残念な**かぎりだ**。

이런 결과가 되어 버려서 정말 유감스러울 뿐이다.

③ 同僚が次々に会社を辞めてしまい、心細い**かぎりだ**。

동료가 차례로 회사를 그만둬 버려 불안하기 짝이 없다.

④ このような名誉ある賞をいただけるとは、光栄＿＿＿＿＿＿＿＿＿。

⑤ 長年の努力が実ってオリンピックの表彰台に立つことができ、

嬉しい＿＿＿＿＿＿＿＿＿＿＿＿＿＿＿＿＿＿＿＿＿＿＿＿。

⑥ ＿＿＿＿＿＿＿＿＿＿＿＿＿＿＿＿＿＿＿＿＿＿＿＿＿＿＿＿＿。

言い掛かり 트집, 비난　　悪態 욕설, 추태　　次々に 차례로　　心細い 불안하다
実る 결실을 맺다　　表彰台 시상대

かくして

이렇게 해서　중상급 일본어문형

접속 | かくして + 문장

❶ **かくして**軍事政権が崩壊した。

이렇게 해서 군사정권이 붕괴되었다.

❷ **かくして**私の長い旅は始まった。

이렇게 해서 나의 긴 여행이 시작되었다.

❸ ＿＿＿＿＿＿＿＿＿＿新しい裁判員制度が＿＿＿＿＿＿＿＿＿＿＿。

❹ ＿＿＿＿＿＿＿＿＿＿＿＿＿＿＿＿＿＿＿＿＿＿＿＿＿＿＿＿＿。

軍事政権 군사정권　　崩壊する 붕괴하다　　裁判員制度 국민참여재판제도

かけ

~도중의

접속 동사의 ます형 + かけ

① やり**かけ**の仕事があるので今日は残業だ。

하다 만 일이 있으므로 오늘은 잔업을 해야 한다.

② 壊れ**かけ**のテレビを修理に出した。

고장난 텔레비전을 수리점에 맡겼다.

③ 布団に入ったが、眠れないので＿＿＿＿＿＿＿＿＿＿＿＿＿＿＿＿＿

本を読むことにした。

④ ＿＿＿＿＿＿＿＿＿＿＿＿＿＿＿＿ケーキを弟に食べられてしまった。

⑤ ＿＿＿＿＿＿＿＿＿＿＿＿＿＿＿＿＿＿＿＿＿＿＿＿＿＿＿＿。

残業 잔업　　壊れる 고장나다　　修理に出す 수리를 맡기다　　布団 이불

일본어능력시험을 대비한 ▉

(が)さいご(最後)

~한 이상, ~을 끝으로

접속	동사의 た형 + がさいご
	동사의 た형(たら) + さいご

❶ ここで会ったが**最後**、もう逃げられない。

여기서 만난 이상 더 이상 도망갈 수 없다.

❷ データが消えてしまったら**最後**、もとには戻せない。

일단 자료가 지워져버리면 원래대로 되돌릴 순 없다.

❸ 諦めたら**最後**、＿＿＿＿＿＿＿＿＿＿＿＿＿＿＿＿＿＿＿＿。

❹ 部活の練習をさぼったことが＿＿＿＿＿＿＿＿＿＿＿＿＿＿＿＿、

先輩にこっぴどく叱られるだろう。

❺ ＿＿＿＿＿＿＿＿＿＿＿＿＿＿＿＿＿＿＿＿＿＿＿＿＿。

逃げる 도망가다　戻す 되돌리다　諦める 포기하다　部活 동아리 활동

さぼる 빠지다　こっぴどい 호되다, 지독하다

かたがた　　　　　　　　　　　~겸

 명사 + かたがた

❶ 簡単ではございますが、お礼かたがたご挨拶申し上げます。

　간단하게나마 답례의 인사말씀 드리겠습니다.

❷ ご無沙汰のお詫びかたがた、先生に手紙をお送りした。

　오랫동안 연락 못 드린 점을 사과드릴 겸해서 선생님께 편지를 보냈다.

❸ 近くまで来たので、挨拶＿＿＿＿＿＿＿＿＿＿＿＿＿＿＿＿＿＿

　先生のお宅にお邪魔した。

❹ 天気がいいので、散歩かたがた＿＿＿＿＿＿＿＿＿＿＿＿＿＿＿。

❺ ＿＿＿＿＿＿＿＿＿＿＿＿＿＿＿＿＿＿＿＿＿＿＿＿＿＿＿＿＿。

挨拶 인사　　ご無沙汰 무소식　　お詫び 사죄, 사과
お邪魔する 방해하다, 들르다　　散歩 산책

かたわら

옆, 곁, ~하면서

접속 명사 + のかたわら
동사의 사전형 + かたわら

(1) かたわら 옆, 곁

❶ 牧場の**かたわら**に宿があります。

목장 옆에 숙소가 있습니다.

❷ 母が夕飯の仕度をする**かたわら**で、子供達はテレビゲームに夢中だった。

저녁준비를 하시는 어머니 곁에서 아이들은 텔레비전 게임에 열중하고 있었다.

❸ 散歩をしていたら、民家の___________________

気持ちよさそうに眠っている猫を見かけた。

❹ 子供が眠っている___________________。

❺ ___________________。

牧場 목장   宿 숙소   仕度 채비, 준비   夢中 열중

(2) かたわら ~하면서

❶ 最近は会社勤めの**かたわら**、週末は農業に汗を流している。

최근에는 회사에서 근무하면서 주말에는 농사일에 땀을 흘리고 있다.

❷ 彼は大学で研究をする**かたわら**、音楽活動もしている。

그는 대학에서 연구를 하면서 음악 활동도 하고 있다.

❸ 友人は教師＿＿＿＿＿＿＿＿＿＿＿＿＿＿ボランティア活動にも勤しんでいる。

❹ 彼女はピアノ教室で子供達にピアノを教える＿＿＿＿＿＿＿＿＿＿。

❺ ＿＿＿＿＿＿＿＿＿＿＿＿＿＿＿＿＿＿＿＿＿＿＿＿＿＿＿。

勤め 근무　　汗を流す 땀을 흘리다　　勤しむ 부지런히 힘쓰다

がてら

~겸

접속	명사 + がてら
	동사의 ます형 + がてら

❶ 買い物**がてら**、お茶でも飲みに行かない?

쇼핑도 할 겸 차라도 마시러 가지 않을래?

❷ 出張先から帰り**がてら**、近くに住む友人に会うつもりだ。

출장에서 돌아오는 길에 근처에 사는 친구를 만날 예정이다.

❸ 散歩＿＿＿＿＿＿＿＿＿、ちょっと足を伸ばして桜を見物しに行った。

❹ 母を見送り**がてら**、＿＿＿＿＿＿＿＿＿＿＿＿＿＿＿＿＿＿＿＿。

❺ ＿＿＿＿＿＿＿＿＿＿＿＿＿＿＿＿＿＿＿＿＿＿＿＿＿＿。

出張先 출장간 곳	足を伸ばす 발길을 뻗치다	桜 벚꽃	見物する 구경하다

かねない

~지도 모른다

❶ 無理ばかりしていると体を壊し**かねない**。

　계속 무리하게 되면 건강을 해칠지도 모른다.

❷ 朝のニュース番組で誤解を招き**かねない**発言があり、キャスターが謝罪した。

　아침 뉴스 방송에서 오해를 살만한 발언을 해서 캐스터가 사죄했다.

❸ 絶対に口外してはいけないことでも、あいつならうっかり

　　______________________________**かねない**。

❹ ______________________________、事故になり**かねない**。

❺ ______________________________。

体を壊す 건강을 해치다　　誤解を招く 오해를 사다　　発言 발언
謝罪する 사죄하다　　口外する 말하다, 내뱉다

かねる

~하기 어렵다

中上級 일본어문형

 **접속** 동사의 ます형 + かねる

① その案には賛成し**かねます**。

그 안에는 찬성하기 어렵습니다.

② 近所で子犬がうずくまっているのを見つけ、見るに見**かねて**拾ってきた。

근처에 강아지가 웅크리고 있는 것을 보고 못 본채 할 수 없어서 주워 왔다.

③ 高校卒業後の進路を_______________、担任の先生に相談した。

④ そのような提案は_______________________________________。

⑤ ____。

子犬 <ruby>子犬<rt>こいぬ</rt></ruby> 강아지　うずくまる 웅크리다　進路 <ruby>進路<rt>しんろ</rt></ruby> 진로　担任 <ruby>担任<rt>たんにん</rt></ruby> 담임　提案 <ruby>提案<rt>ていあん</rt></ruby> 제안

がはやいか　　　　　　　　　　　　　～하자마자

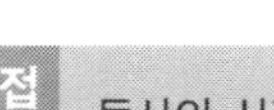

| 접속 | 동사의 사전형 + がはやいか　cf) ~やいなや、~とたんに |

❶ その言葉を聞く**がはやいか**、取っ組み合いの喧嘩が始まった。

그 말을 듣자마자 맞붙어 싸우기 시작했다.

❷ 彼女はワインをグラスに注ぐ**がはやいか**、一気に飲みほしてしまった。

그녀는 와인을 잔에 따르자마자 한 번에 들이마셔 버렸다.

❸ 幼稚園に娘を迎えに行ったら、娘は私の顔を＿＿＿＿＿＿＿＿、

私にかけよってきた。

❹ 高熱のためふらふらになり、病院に＿＿＿＿＿＿＿＿＿＿、

倒れてしまった。

❺ ＿＿＿＿＿＿＿＿＿＿＿＿＿＿＿＿＿＿＿＿＿＿。

取っ組み合う 서로 맞붙다　　喧嘩 싸움　　ワインを注ぐ 와인을 따르다
飲みほす 다 마시다　　かけよる 달려오다

からある/からする

~(이)나 되는, ~(이)나 하는

접속 | 수량사 + からある / からする

※무게·길이·크기의 경우는 「からある」가 사용되고, 가격의 경우는 「からする」가 사용된다.

❶ その土地からは、四方五十メーターからある敷地を持つ屋敷跡が発掘された。

그 토지에서는 사방 50m나 되는 부지를 가진 저택의 자취가 발굴되었다.

❷ 彼女は五百万円からする指輪をもらって喜んでいる。

그녀는 500만엔이나 하는 반지를 받고 기뻐하고 있다.

❸ 重量挙げの選手は二百キロ＿＿＿＿＿＿バーベルを持ち上げた。

❹ 八十万＿＿＿＿＿＿＿＿絵画をインターネットで購入した。

❺ ＿＿＿＿＿＿＿＿＿＿＿＿＿＿＿＿＿＿＿＿＿＿＿。

敷地 부지　屋敷 저택, 집의 부지　発掘される 발굴되다　重量挙げ 역도
絵画 그림

からいいようなものの ~니까 망정/다행이지

접속	명사 / な형용사의 어간 + だからいいようなものの い형용사 / 동사(조동사)의 보통형 + からいいようなものの

❶ 夏だ**からいいようなものの**、冬にこんな所で道に迷ったら大変だ。

여름이기에 망정이지 겨울에 이런 곳에서 길을 잃으면 큰일이다.

❷ 今日は暇だ**からいいようなものの**、忙しい時にこんな客が来たら対応できない。

오늘은 한가하니까 다행이지 바쁜 때에 이런 손님이 오면 대응할 수 없다.

❸ この道は人通りが多い**からいいようなものの**、こんな遅い時間に一人で歩くのは危ないよ。

이 길은 사람이 많이 다니니까 망정이지 이렇게 늦은 시간에 혼자 다니면 위험해.

❹ 大事故にならなかった**からいいようなものの**、運転中に携帯電話を使うのは絶対にやめなさい。

큰 사고가 나지 않았기에 망정이지 운전 중에 절대로 휴대전화를 사용하지 마라.

❺ 新入社員だ**からいいようなものの**、＿＿＿＿＿＿＿＿＿＿。

❻ 問題が簡単だった**からいいようなものの**、＿＿＿＿＿＿。

❼ 今日は＿＿＿＿＿＿、そんな格好で登山をしたら風邪を引くよ。

❽ 今回の試合は勝った**からいいようなものの**、＿＿＿＿＿。

❾ ＿＿＿＿＿＿＿＿＿＿＿＿＿＿＿＿＿＿＿＿＿＿。

道に迷う 길을 잃다　　格好 모양, 모습　　試合 시합　　勝つ 이기다

きらいがある
~경향이 있다

접속	명사 + のきらいがある
	동사의 사전형 + きらいがある

❶ あの会社の社長は有能だが、若干独断専行のきらいがある。

저 회사의 사장은 유능하지만 약간 독단적인 경향이 있다.

❷ 彼は話し上手でおもしろいが、何でも大げさに話すきらいがある。

그는 말도 잘하고 재미있지만 뭐든 부풀려 얘기하는 경향이 있다.

❸ この国は、世界の中でも特に学歴偏重＿＿＿＿＿＿＿＿＿＿＿。

❹ 祖母は神経質で、＿＿＿＿＿＿＿＿＿＿＿きらいがある。

❺ ＿＿＿＿＿＿＿＿＿＿＿＿＿＿＿＿＿＿＿。

有能だ 유능하다　若干 약간　独断専行 독단적으로 일을 진행함
大げさ 과장　学歴偏重 학력 편중　祖母 조모, 할머니　神経質 신경질

きり(で)

~(할) 뿐, ~(한) 뒤

접속 동사의 ます형 + きり

❶ 妻は入院している子供をつき(っ)**きり**で看病している。

아내는 입원한 아이를 줄곧 간병하고 있다.

❷ 母は昔、私たち兄弟の世話にかかり**きり**(で)、パートにも行けな

かった。

어머니는 예전에 우리 형제의 뒷바라지에 매달려 파트타임도 못나갔다.

❸ 仕事が忙しく、家事も育児も妻に＿＿＿＿＿＿＿＿＿＿＿＿＿＿＿＿＿。

❹ ＿＿＿＿＿＿＿＿＿＿＿＿＿＿＿＿＿＿＿＿＿、家にこもり**きり**だ。

❺ ＿＿＿＿＿＿＿＿＿＿＿＿＿＿＿＿＿＿＿＿＿＿＿＿＿。

看病する 간병하다　世話にかかる 뒷바라지를 하다　家事 가사　育児 육아
こもる 틀어박히다

きり～ない

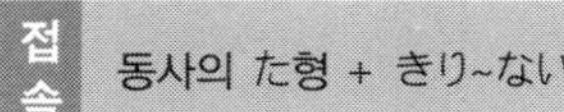

접속 동사의 た형 + きり~ない

❶ 先生とは卒業式でお会いした **きり**(で)、その後一度も会っていない。

선생님과는 졸업식에서 만난 후, 그 뒤로 한 번도 만나지 않았다.

❷ 娘は、旅行に出かけた **きり** 一度も連絡をよこさないで帰ってきた。

딸은 여행을 떠난 뒤 한 번도 연락을 하지 않고 돌아왔다.

❸ 一年前に親友と大喧嘩をし、それっ **きり** ＿＿＿＿＿＿＿＿＿＿。

❹ この服はバーゲンで＿＿＿＿＿＿＿、一度も腕を通していない。

❺ ＿＿＿＿＿＿＿＿＿＿＿＿＿＿＿＿＿＿＿＿＿。

連絡をよこす 연락을 하다　　大喧嘩をする 크게 싸우다
腕を通す (옷을) 입다

きる

다 ~하다

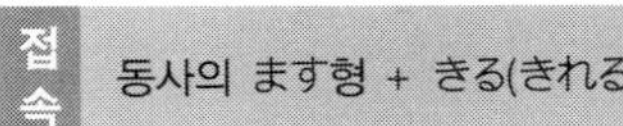
접속　동사의 ます형 + きる(きれる)

❶ このゲームは発売前から評判で、発売と同時に売り**きれてし**
まった。

이 게임은 발매 전부터 평판이 좋아 발매와 동시에 다 팔려버렸다.

❷ 一ヶ月分のアルバイト代を買い物で一気に使い**きった**。

한 달치 아르바이트비를 쇼핑으로 한 번에 다 써버렸다.

❸ 実家から送られてきたみかんを一週間で＿＿＿＿＿＿＿＿＿＿。

❹ やることがなかったので、五百ページもある推理小説を

　一日で＿＿＿＿＿＿＿＿＿＿＿＿＿＿＿＿＿＿＿＿＿。

❺ ＿＿＿＿＿＿＿＿＿＿＿＿＿＿＿＿＿＿＿＿＿＿＿＿＿。

評判で 평판이 좋아서　一気に 한꺼번에　実家 생가, 친정　推理小説 추리소설

きれない

~할 수 없다

| 接続 | 동사의 ます형 + きれない |

① 別れてからもう一年以上経ったのに、彼女への思いは今もあきらめ**きれない**。

헤어지고 벌써 1년 넘게 지났는데 그녀를 향한 마음은 아직도 포기할 수 없다.

② 夏休みに友人とハワイへ行くことにしたが、今から楽しみで夏休みまで待ち**きれない**。

여름 방학에 친구와 하와이에 가기로 했는데, 벌써부터 기대가 되어 여름 방학까지 기다릴 수 없다.

③ 夜空を見上げると、＿＿＿＿＿＿＿＿＿ほどの星が目に入ってきた。

④ 来週までに漢字を百個覚えなければならないが、

多すぎて＿＿＿＿＿＿＿＿＿＿＿＿＿＿＿＿＿。

⑤ ＿＿＿＿＿＿＿＿＿＿＿＿＿＿＿＿＿＿＿＿。

別れる 헤어지자　経つ (시간)경과하다　思い 생각, 마음　夜空 밤하늘

일본어능력시험을 대비한 ▌

きわまる

그지없다

<table>
<tr><td>접속</td><td>な형용사의 어간 + (なこと)きわまりない(きわまる)
い형용사의 사전형 + こときわまりない(きわまる)</td></tr>
</table>

❶ その店の店員の対応は不愉快**きわまりない**ものだった。

　　그 가게의 점원의 대응은 불쾌하기 그지없었다.

❷ 最近の若者は、電車の乗り方一つとっても、不作法**きわまる**。

　　최근 젊은이들은 전차 타는 모습 하나만 봐도 무례하기 그지없다.

❸ あの丘から見た風景は美しいこと**きわまりない**ものだった。

　　그 언덕에서 본 풍경은 아름답기 그지없었다.

❹ 新婚旅行で南の島に旅行し、贅沢＿＿＿＿＿＿＿＿＿＿を過ごした。

❺ 雨のせいで楽しみにしていた体育大会が中止になってしまった。

　　残念＿＿＿＿＿＿＿＿＿＿＿＿＿＿＿＿＿＿＿＿＿＿＿。

❻ 近くの公園はお花見客でにぎわっており、＿＿＿＿＿＿＿＿＿＿。

❼ ＿＿＿＿＿＿＿＿＿＿＿＿＿＿＿＿＿＿＿＿＿＿。

不愉快 불쾌　　不作法 무례, 버릇없음　　贅沢だ 사치스럽다, 호화롭다
にぎわう 번화해지다, 붐비다

きわみ(極み)

지극히 ~하다

접속　명사 + のきわみ

❶ 私のためにこんな送別会を開いていただき、感激の**きわみ**です。

　저를 위해 이렇게 송별회를 해주셔서 너무 감격스럽습니다.

❷ 私のミスで商談が白紙になってしまったことは、痛恨の**極み**だ。

　내 거래가 상담이 백지화 되어버린 것은 통한스럽기 짝이 없다.

❸ 事業が成功し、彼は＿＿＿＿＿＿＿＿＿＿＿＿＿を尽くしている。

❹ ＿＿＿＿＿＿＿＿＿＿＿＿＿＿＿＿至福の**極み**だ。

❺ ＿＿＿＿＿＿＿＿＿＿＿＿＿＿＿＿＿＿＿＿。

開く 열다, 모임을 갖다　　商談 거래에 관한 상담　　痛恨 통한

至福 지복, 더없는(최고의) 행복

일본어능력시험을 대비한

こそ

~야말로, ~할지언정

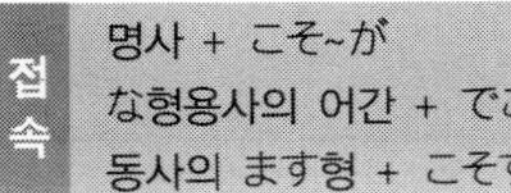

접속
명사 + こそ~が
な형용사의 어간 + でこそあるが
동사의 ます형 + こそするが

❶ この服は、デザインこそ古いが、とても着心地がいい。

　　이 옷은 디자인은 오래되었지만 굉장히 착용감이 좋다.

❷ 祖母の家は不便でこそあるが、空気はとてもきれいで住みやすい

　　所だ。

　　할머니 댁은 불편하긴 하지만 공기가 아주 좋아서 살기 좋은 곳이다.

❸ 会社には行きこそするが、働く意欲が湧いてこない。

　　회사에 가기는 하지만 일할 의욕이 생기지 않는다.

❹ 彼女が焼いたケーキは、見てくれこそ悪いが＿＿＿＿＿＿＿＿。

❺ 彼女は＿＿＿＿＿＿＿＿＿＿＿＿＿、やる気は誰にも負けない。

❻ ＿＿＿＿＿＿＿＿新聞を読んだりニュースを聞き取るのは難しい。

❼ ＿＿＿＿＿＿＿＿＿＿＿＿＿＿＿＿＿＿＿＿＿＿。

着心地（きごこち） 착용감　　意欲が湧く（いよく・わ） 의욕이 생기다(일다)　　やる気（き） 할 의욕

聞き取る（き・と） 알아듣다

ごとく

~와 같은

접속	명사 + のごとく/である(か)ごとく な형용사의 어간 + のごとく/である(か)ごとく 동사의 사전형 + ごとく/かのごとく

❶ ジョギングをしたら、汗が滝の**ごとく**流れてきた。

조깅을 했더니 땀이 비 오듯이 흘러내렸다.

❷ 彼はペットをまるで我が子であるが**ごとく**、かわいがっている。

그는 애완견을 마치 자기자식처럼 귀여워한다.

❸ 日本では当然の**ごとく**教会で結婚式を挙げ、正月には神社へ行く。

일본에서는 당연하다는 듯이 교회에서 결혼식을 올리고 정초에는 신사참배에 간다.

❹ 自然が多様である**ごとく**、人間も多様である。

자연이 다양하듯 인간도 다양하다.

❺ 荒野をさまよう**ごとく**運命にもてあそばれる。

황야를 떠돌 듯 운명에 농락당하다.

❻ 彼女は独り言をつぶやいているかの**ごとく**、ぼそぼそと話し出した。

그녀는 혼잣말을 중얼거리듯 나직하게 말하기 시작했다.

❼ 彼は＿＿＿＿＿＿＿＿＿＿＿＿＿＿＿＿＿＿＿＿＿＿走り去っていった。

❽ 彼女はまるでピアノが得意であるかのごとく、＿＿＿＿＿＿＿＿。

❾ 母はまるで子供に話しかけるかのごとく、＿＿＿＿＿＿＿＿。

❿ ＿＿＿＿＿＿＿＿＿＿＿＿＿＿＿＿＿＿＿＿＿＿＿＿＿＿＿＿。

滝 폭포　我が子 자기자식　荒野 황야　さまよう 떠돌다, 유랑하다, 헤매다
もてあそぶ 가지고 놀다　独り言をつぶやく 혼잣말로 중얼거리다
ぼそぼそ 나직하게 중얼거리는 모습

ことこのうえない

~하기 그지없다

接続　な형용사의 연체형(な) + ことこのうえない
い형용사의 사전형 + ことこのうえない

❶ この町は一日にバスが三本しかなく、不便な**ことこのうえない**。

이 마을은 하루에 버스가 3번 밖에 오지 않아서 불편하기 그지없다.

❷ その映画のラストシーンは、悲しい**ことこのうえない**もので あった。

그 영화의 마지막 장면은 슬프기 그지없었다.

❸ 留学するときに必要な手続きは複雑___________________。

❹ 大通りを一人で歩いていたら、うっかりつまずいて転んでしまっ た。___________________。

❺ ___________________。

手続き 절차　大通り 큰길, 한길
つまずく 발이 걸려 넘어질 뻔하다, 채여서 비틀거리다

こととて

~이니만큼, ~인 까닭에

접속	
명사 + のこととて	
동사의 보통형 + こととて	

① 突然の**こととて**驚きました。

갑작스런 일이라 놀랐습니다.

② 子供のやった**こととて**、なにとぞお許しくださいませんか。

아이가 한 일이니만큼 너그럽게 봐주시면 안될까요?

③ 初めての**こととて**、＿＿＿＿＿＿＿＿＿＿＿＿＿＿＿＿＿。

④ 慣れぬ**こととて**、＿＿＿＿＿＿＿＿＿＿＿＿＿＿＿＿＿。

⑤ ＿＿＿＿＿＿＿＿＿＿＿＿＿＿＿＿＿＿＿＿＿＿＿＿＿。

突然 돌연, 갑자기　　許す 용서하다　　慣れる 익숙하다

ことには

~라면

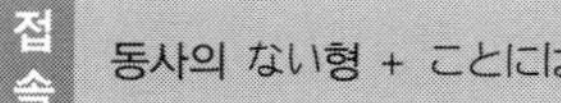

접속 | 동사의 ない형 + ことには

① 台本ができない**ことには**練習を始められない。

대본이 준비되지 않으면 연습을 시작할 수 없다.

② 試験に合格しない**ことには**、留学できない。

시험에 합격하지 못하면 유학을 갈 수 없다.

③ すでに時間だが、メンバーが＿＿＿＿＿＿試合を始められない。

④ 辛い思い出も、＿＿＿＿＿＿＿＿＿＿＿＿＿＿前へ進めない。

⑤ ＿＿＿＿＿＿＿＿＿＿＿＿＿＿＿＿＿＿＿＿＿＿。

台本 대본　試合 시합　思い出 추억

일본어능력시험을 대비한

ことはならない

~하면 안 된다

 **접속** 동사의 사전형 + ことはならない

❶ 途中で部活をやめる**ことはならない**。

도중에 동아리 활동을 그만두면 안 된다.

❷ 肘をついてご飯を食べる**ことはならぬ**と、子供のころよく両親に叱られた。

팔을 괴고 밥을 먹으면 안 된다고 어릴 때 자주 부모님께 혼이 났다.

❸ 高校生が＿＿＿＿＿＿＿＿＿＿＿＿＿＿＿＿＿＿＿することはならない。

❹ クラス内のいじめを＿＿＿＿＿＿＿＿＿＿＿＿＿＿＿＿＿＿＿。

❺ ＿＿＿＿＿＿＿＿＿＿＿＿＿＿＿＿＿＿＿＿＿＿＿＿＿。

途中 도중　　肘をつく 팔을 괴다　　両親 부모　　いじめ 따돌림, 왕따

ざるをえない

접속 동사의 ない형 + ざるをえない (ざるを得ない)

※「する」는「せざるをえない」로 된다.

❶ 急に仕事が入ったので、今日は土曜だが会社に出ざるをえない。

갑자기 일거리가 생겨서 오늘은 토요일이지만 회사에 나가야만 한다.

❷ 悔しいが、彼との実力の差は認めざるをえない。

분하지만 그와의 실력 차는 인정하지 않을 수 없다.

❸ 隣に住んでいる人がうるさくて毎晩眠れない。

今日という今日は一言＿＿＿＿＿＿＿＿＿＿＿＿＿＿＿＿＿＿＿。

❹ インフルエンザが流行しているため、残念だが今回の旅行は

＿＿＿＿＿＿＿＿＿＿＿＿＿＿＿＿＿＿＿＿＿＿＿＿＿＿＿。

❺ ＿＿＿＿＿＿＿＿＿＿＿＿＿＿＿＿＿＿＿＿＿＿＿＿＿＿。

悔（くや）しい 분하다, 억울하다　　流行（りゅうこう）する 유행하다　　残念（ざんねん）だ 유감스럽다

しまつだ

~한 형편(꼴)이다

접속	동사의 사전형 + しまつだ, この + しまつ

❶ その子はいたずらっ子で、今日も同じクラスの女の子を泣かせて

しまう**しまつだ**。

그 아이는 장난꾸러기라서 오늘도 같은 반 여자아이를 울리고 말았다.

❷ 予選の時点でこの**しまつじ**や、本選では到底勝てないだろう。

예선에서 이 정도라면 본선에서는 도저히 이길 수 없을 것이다.

❸ 酒に弱いくせに何杯も飲んで、挙句の果てに＿＿＿＿＿＿＿＿

しまつだ。

❹ 付き合い始めたころはとても優しかったのに、今では＿＿＿＿＿

しまつだ。

❺ ＿＿＿＿＿＿＿＿＿＿＿＿＿＿＿＿＿＿＿＿。

予選 예선　本選 본선　到底 도저히　挙句の果て 결국　付き合う 사귀다

ずくめ

~일색, ~만

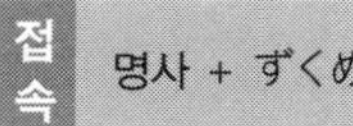
접속 명사 + ずくめ

❶ 今年になってからいいこと**ずくめ**だ。

올해 들어서 줄곧 좋은 일만 있다.

❷ 最近この近所を黒**ずくめ**の人がうろついているという噂だ。

최근 이 주변에 검정색 옷차림의 사람이 서성거리고 있다는 소문이 있다.

❸ 彼女の話は嘘＿＿＿＿＿＿＿＿＿＿＿で、まるで信用できない。

❹ 去年は息子が結婚し、今年は娘に子供が生まれた。

まったくめでたいこと＿＿＿＿＿＿＿＿＿＿＿＿＿だ。

❺ ＿＿＿＿＿＿＿＿＿＿＿＿＿＿＿＿＿＿＿。

うろつく 서성거리다, 헤매다　噂 소문　嘘 거짓말

ずして

~하지 않고 　　　중상급 일본어문형

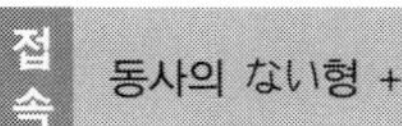
접속 동사의 ない형 + ずして

※ 「する」는 「せず」로 된다.

① 戦わ**ずして**勝つ。

　싸우지 않고 이기다.

② 苦労せ**ずして**成功を手に入れた。

　힘들이지 않고 성공했다.

③ ＿＿＿＿＿＿＿＿＿＿**ずして**一人前の大人になったとは言えない。

④ 期せ**ずして**＿＿＿＿＿＿＿＿＿＿＿＿＿＿＿＿＿＿＿＿。

⑤ ＿＿＿＿＿＿＿＿＿＿＿＿＿＿＿＿＿＿＿＿＿＿＿＿＿＿＿＿＿。

苦労（くろう）する 고생하다　手（て）に入（い）れる 손에 넣다　一人前（いちにんまえ） 제 구실을 할 수 있는 자
期（き）せずして 우연히

ずじまいだ

~안한 채로 끝나다

 **접속** 동사의 ない형 + ずじまいだ

❶ 今年の夏は海で泳げ**ずじまいだ**った。

금년 여름은 바다에서 수영 한 번 못하고 끝나버렸다.

❷ 先生に何度も説明してもらったが、その計算は結局わから**ずじまいだ**った。

선생님께서 몇 번이나 설명해주셨지만 그 계산은 결국 이해하지 못했다.

❸ 今日こそは部屋の掃除をするつもりだったが、

結局＿＿＿＿＿＿＿＿＿＿＿＿＿＿＿＿＿じまいだ。

❹ 日本に来てもう一年になるが、＿＿＿＿＿＿＿＿＿じまいだ。

❺ ＿＿＿＿＿＿＿＿＿＿＿＿＿＿＿＿＿＿＿＿。

何度も 몇 번이나　結局 결국

ずにはいられない

~않고서는 있을 수 없다

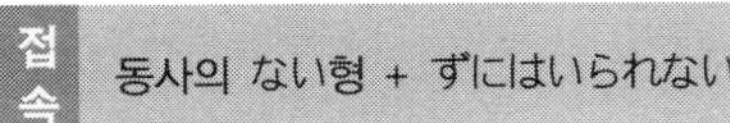

접속 | 동사의 ない형 + ずにはいられない

❶ 社会に出てからというもの、愚痴をこぼさ**ずにはいられない**。

사회에 나왔다 하더라도 푸념을 하지 않을 수 없다.

❷ あまりのマナーのなさに、一言言わ**ずにはいられなかった**。

너무나도 예의가 없어서 한마디 하지 않을 수 없었다.

❸ 会社では上司に叱られ、彼女とは喧嘩した。

今日は酒でも＿＿＿＿＿＿＿＿＿＿＿＿＿＿＿＿＿＿＿。

❹ ＿＿＿＿＿＿＿＿＿＿＿＿＿＿＿、喜ば**ずにはいられなかった**。

❺ ＿＿＿＿＿＿＿＿＿＿＿＿＿＿＿＿＿＿＿＿＿＿＿＿。

愚痴をこぼす 푸념을 하다　上司 상사　喜ぶ 기뻐하다

ずにはおかない

~않고는 있을 수 없다

 동사의 ない형 + ずにはおかない(ないではおかない)

※「する」는 「せず」로 된다.

❶ 長期的な不景気によって、うちの会社も損害を被ら**ずにはおかない**。

장기적인 불경기에 따라 우리 회사도 손해를 입을 수밖에 없다.

❷ この作品は、見る者の心を揺さぶら**ないではおかない**だろう。

이 작품은 보는 이의 마음을 뒤흔들 것이다.

❸ 娘が一人で海外旅行に行くと言うので、心配＿＿＿＿＿＿＿＿＿＿。

❹ ＿＿＿＿＿＿＿＿＿＿＿＿＿＿＿＿、泣か**ずにはおかない**。

❺ ＿＿＿＿＿＿＿＿＿＿＿＿＿＿＿＿＿＿＿＿＿＿。

不景気 불경기　　損害を被る 손해를 입다　　揺さぶる 뒤흔들다

ずにはすまない

~않고는 마음이 풀리지 않다, ~않고는 끝나지 않다

접속 동사의 ない형 + ずにはすまない

① 最近たるんでいるあいつを見ていると、一言言わ**ずにはすまなかった**。

요즘 나태해져 있는 그 녀석을 보면 한마디 하지 않을 수 없었다.

② 今回の原油高騰は、景気全体に影響を与え**ずにはすまない**だろう。

이번 원유 가격 상승은 경기전반에 영향을 미치게 될 것이다.

③ このような重大なミスを犯しては、＿＿＿＿＿＿＿＿＿＿＿＿＿。

④ ＿＿＿＿＿＿＿＿＿＿＿＿＿、処罰され**ずにはすまない**。

⑤ ＿＿＿＿＿＿＿＿＿＿＿＿＿＿＿＿＿＿＿。

たるむ 나태해지다　　あいつ 그 녀석　　一言(ひとこと) 한마디
高騰(こうとう) 고등. 물건 값이 오름　　影響(えいきょう)を与(あた)える 영향을 주다
ミスを犯(おか)す 실수를 범하다　　処罰(しょばつ)する 처벌하다

すら

~조차

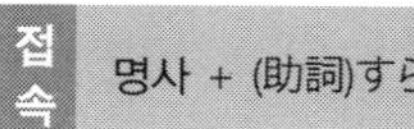
명사 + (助詞)すら

① 年をとって自分の年齢すら忘れてしまった。

나이가 들어 자기 나이마저 잊어버리고 말았다.

② ささいなことで友人と喧嘩になり、その後電話にすら出てくれなくなった。

사소한 일로 친구와 싸우게 되어 그 후 전화조차 받아주지 않았다.

③ 試験勉強をしなかったので、＿＿＿＿＿＿＿＿すら解けなかった。

④ 「弘法にも筆の誤り」というように、その道のプロですら＿＿＿＿

＿＿＿＿＿＿＿＿＿＿＿＿＿＿＿＿＿＿＿＿。

⑤ ＿＿＿＿＿＿＿＿＿＿＿＿＿＿＿＿＿＿＿＿。

年をとる 나이를 먹다　ささいな 사소한　喧嘩 싸움
弘法にも筆の誤り 아무리 재주가 뛰어난 사람이라도 실수하는 수가 있다.
원숭이도 나무에서 떨어진다(猿も木から落ちる)

そばから

~하는 족족

| 접속 | 동사의 보통형 + そばから |

❶ 有名なデパートのバーゲン会場では、今シーズンの服が店頭に並

べる**そばから**次々と売れた。

유명 백화점 바겐세일 매장에서는 이번 시즌의 옷이 가게 앞에 진열하자마자 금방

팔렸다.

❷ 昔から記憶力には自信がなく、習った**そばから**忘れてしまう。

옛날부터 기억력에는 자신이 없어서 배우는 족족 잊어버리고 만다.

❸ 「ちゃんと前を見て歩きなさい」と＿＿＿＿＿＿＿＿＿転んでしまい、

息子は泣き出した。

❹ 最近の天気は変わりやすく、洗濯物を干した**そばから**＿＿＿＿

＿＿＿＿＿＿＿＿＿＿＿＿＿＿＿＿＿＿＿＿＿＿＿＿＿。

❺ ＿＿＿＿＿＿＿＿＿＿＿＿＿＿＿＿＿＿＿＿＿＿＿＿＿。

それはそうと
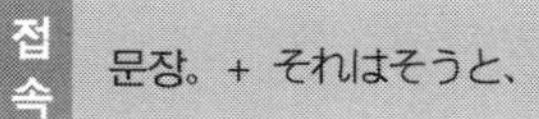

그건 그렇고

接続 | 문장。+ それはそうと、~

❶ A : 最近暑いわね。

요즘 덥네.

B : そうね。**それはそうと**、佐藤さんから結婚式の招待状届いた?

그렇네. 그건 그렇고, 사토씨한테서 청첩장 받았어?

❷ A : 部長、明日の会議は何時からですか。

부장님, 내일 회의 몇 시부터죠?

B : 十時だよ。**それはそうと**、この間話した転勤の件、考えてくれたかな。

10시부터야. 그건 그렇고, 요전에 말한 전근에 관한 건, 생각해 봤어?

❸ A : あ、今日の授業出た?

B : 休んじゃったんだよ。あ、**それはそうと**、__________。

❹ 最近風邪が流行ってるね。**それはそうと**、_____________。

❺ _______________________________。

招待状 초대장　転勤 전근　流行る 유행하다

それまでだ

그것으로 끝이다

| 접속 | 명사 + のおり(に)
동사의 사전형 + おりに |

※「~すれば」「~したら」와 함께 사용한다.

❶ どんなに練習しても優勝できなければ それまでだ。

아무리 연습해도 우승할 수 없다면 무의미하다.

❷ いくら辛いことがあっても、自分自身を見失ったら それまでだ。

아무리 괴로운 일이 있어도 자기 자신을 잃으면 그것으로 끝이다.

❸ せっかくいいパソコンを買っても、＿＿＿＿＿＿それまでだ。

❹ ＿＿＿＿＿＿＿＿＿＿＿＿＿＿＿＿＿＿＿＿それまでだ。

❺ ＿＿＿＿＿＿＿＿＿＿＿＿＿＿＿＿＿＿＿＿＿＿。

優勝する 우승하다　見失う 잃다

ただ~だけでなく

~뿐만이 아니라

| 접속 | ただ + 명사 / な형용사의 연체형(な) + だけでなく / であるだけでなく
ただ + い형용사의 사전형/동사의 보통형 + だけでなく |

① 今回の府知事選は、**ただ**大阪府民**だけでなく**全国的に注目されている。

이번 부지사선거는 단지 오사카부민 뿐만이 아니라 전국적으로 주목받고 있다.

② 経営者は**ただ**その仕事の達人である**だけでなく**、部下から信頼される人物でなければならない。

경영자란 단순히 그 업무의 달인이어야 할 뿐만 아니라 부하로부터 신뢰받는 인물이어야 한다.

③ 彼は**ただ**演技が上手な**だけでなく**人を笑わせるのも得意だ。

그는 단지 연기가 뛰어날 뿐만 아니라 남을 웃기는 재주도 있다.

④ 彼女は**ただ**聡明である**だけでなく**、真の強さを持ち合わせた人だ。

그녀는 단지 총명할 뿐만 아니라 진정한 강인함을 지닌 사람이다.

❺ 孫は**ただ**かわいい**だけでなく**、私の力の源だ。

손자는 단지 귀여울 뿐만이 아니라 나의 힘의 원천이다.

❻ 彼は**ただ**解雇された**だけでなく**、会社の人間から冷たい目で

見られた。

그는 단순히 해고당했을 뿐만 아니라 회사 사람들로부터 눈총을 받았다.

❼ その映画は**ただ**映像**だけでなく**、＿＿＿＿＿＿＿＿＿＿＿＿＿＿＿。

❽ 母は**ただ**料理が好きである**だけでなく**、＿＿＿＿＿＿＿＿＿＿＿。

❾ その本は＿＿＿＿＿＿＿＿＿＿＿＿＿＿＿＿＿＿生活の役に立つ。

❿ その選手は＿＿＿＿＿＿＿＿＿＿＿＿＿世界新記録を打ち出した。

⓫ ＿＿＿＿＿＿＿＿＿＿＿＿＿＿＿＿＿＿＿＿＿＿＿＿＿。

聡明 총명　源 원천, 근천　解雇される 해고당하다　役に立つ 도움이 되다

○52

だにしない

~조차 못하다

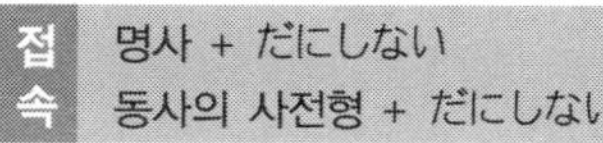

접속 명사 + だにしない
동사의 사전형 + だにしない

※ 동사의 경우는 주로 「考える·聞く·思う」 등에 관용적으로 사용된다.

❶ このような深刻な状態になるとは想像だにしなかった。

이런 심각한 상태가 되리라곤 상상조차 못했다.

❷ あの大地震のことは考えるだに恐ろしい。

그 대지진은 생각만 해도 무섭다.

❸ ____________________________________とは予想だにしなかった。

❹ ____________________________________考えるだに怖くなる。

❺ ____。

たりとも

~일지라도

접속	명사 + たりとも~ない
	수량사 + たりとも~ない

① 税金の無駄遣いは一円たりとも許されることではない。

세금을 헛되이 쓰는 것은 단 일 엔이라도 용납되어서는 안 된다.

② 大学入試まであと一ヶ月。一日たりとも無駄にはできない。

대학 입시까지 앞으로 한 달. 단 하루라도 헛되이 보낼 수 없다.

③ 何人たりとも私の邪魔はさせない。

단 누구라도 나를 방해하도록 하지 않겠다.

④ ＿＿＿＿＿＿＿＿＿＿＿＿＿＿＿ことは一度たりともなかった。

⑤ 小学生たりとも＿＿＿＿＿＿＿＿＿＿＿＿＿許されない。

⑥ ＿＿＿＿＿＿＿＿＿＿＿＿＿＿＿＿＿＿＿。

無駄遣い (돈을)헛되이 쓰는 것, 낭비

たる

~나 되는

❶ 男たる者、やらねばならないときがある。

남자라면 하지 않으면 안 되는 때도 있다.

❷ 国際教育の柱たる外国語能力の向上を目指して学生を指導している。

국제 교육의 기둥이 되는 외국어 능력의 향상을 목표로 학생을 지도하고 있다.

❸ リーダーたる人物とは＿＿＿＿＿＿＿＿＿＿＿人物だ。

❹ 学生たる者、＿＿＿＿＿＿＿＿＿＿＿＿べきだ。

❺ ＿＿＿＿＿＿＿＿＿＿＿＿＿＿＿＿＿＿。

たると～たるとをとわず（問わず） 

~든 ~든 간에

 명사 + たると + 명사 + たるとをとわず

❶ うちの会社は経験者**たると**未経験者**たるとを問わず**等しく
採用する。

우리 회사는 경험자든 미경험자든 간에 동등하게 채용한다.

❷ 団体**たると**個人**たるとを問わず**、学会に入会することがで
きる。

개인이든 단체든 간에 학회에 가입할 수 있다.

❸ 公務員は国家公務員**たると**地方公務員**たるとを問わず**、

____。

❹ 大国**たると**小国**たるとを問わず**、___________________。

❺ ____。

経験者 경험자	等しい 동등하다	大国 큰 나라	小国 작은 나라

つ~つ

접속 동사의 ます형 + つ~동사(조동사)의 ます형 + つ

❶ 私と彼は長年の付き合いで、持ち**つ**持たれ**つ**の関係だ。

나와 그는 오랫동안 알고 지낸 사이로 상부상조하는 관계이다.

❷ 寒い日と暖かい日を行き**つ**戻り**つ**しながら、やがて本当の春が来る。

추운 날과 따뜻한 날을 거듭하다가 이윽고 봄다운 봄이 온다.

❸ 朝の通勤電車は凄まじく、押し**つ**押され**つ**しながらやっと

____ 。

❹ 疲れがたまっているせいか、思考が____________して進まない。

❺ ____ 。

持ちつ持たれつ 서로 돕다, 상부상조하다　　通勤 통근　　凄まじい 매우 심하다
たまる 쌓이다

っこない

~할 리가 없다

❶ いくら問いただしても、奴は本当のことなんか言い**っこない**。

아무리 캐물어 봤자 그 녀석은 사실을 말 할리 없다.

❷ A：今度のテストは満点取りなさいよ。

이번 시험은 만점 맞아라.

B：そんなの、でき**っこない**よ。

그런 게 가능할 리 없어.

❸ 今回の期末テストの範囲は教科書一冊分だ。

とても________________________________**っこない**。

❹ そんな抽象的な話をしても、子供に________________________。

❺ ________________________________。

問いただす 캐묻다　　奴 그녀석　　抽象的 추상적

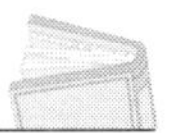

っぱなし

~한 채로

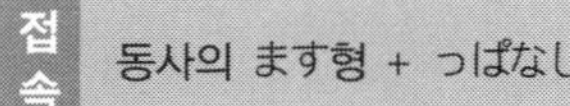

접속 　동사의 ます형 + っぱなし

❶ おもちゃが出し **っぱなし** だよ。使ったら、元の場所に片付けなさい。

장난감이 어지럽혀져 있어. 쓰고 나면 제자리에 정리해 놓아라.

❷ あまりにも疲れていて、コンタクトをつけ **っぱなし** で寝てしまった。

너무나 지쳐서 렌즈를 낀 채로 잠들어 버렸다.

❸ 一日中パソコンの前に＿＿＿＿＿＿＿＿＿＿ **っぱなし** なので、肩こりがひどい。

❹ ＿＿＿＿＿＿＿＿＿＿＿＿＿＿＿＿＿、緊張しっぱなしだった。

❺ ＿＿＿＿＿＿＿＿＿＿＿＿＿＿＿＿＿＿＿＿＿。

一日中（いちにちじゅう） 하루종일　肩（かた）こりがひどい 어깨 통증이 심하다　緊張（きんちょう）する 긴장하다

일본어능력시험을 대비한

であれ

~이라 할지라도　　■ 중상급 일본어문형

 접속　명사 + であれ

① 理由が何**であれ**、人を傷つけてはいけない。

　이유가 어찌되었든 남을 상처 입혀서는 안 된다.

② たとえ相手が先輩**であれ**、自分の意見はきちんと伝えるべきだ。

　설령 상대가 선배라고 할지라도 자신의 의견을 확실히 전달해야 한다.

③ どんな状況**であれ**、＿＿＿＿＿＿＿＿＿＿＿＿＿＿＿＿＿。

④ ＿＿＿＿＿＿＿＿＿＿＿＿＿＿**であれ**、初心を忘れてはいけない。

⑤ ＿＿＿＿＿＿＿＿＿＿＿＿＿＿＿＿＿＿＿＿＿＿＿。

人を傷つける 남을 다치게 하다　　初心 초심, 당초의 결심

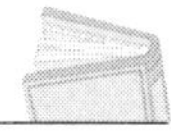

であれ～であれ

~든 ~든

 접속　명사 + であれ ~ 명사 + であれ

※ 주로 명사에 접속하지만 な형용사 어간에 접속하는 경우도 있다(예문 ❸).

❶ 初心者であれ、経験者であれ、運転中は慎重でなければならない。

초보자든 경험자든 운전 중에는 신중해야 한다.

❷ 大学に行くのであれ、就職するのであれ、進路は慎重に考えて決めなければならない。

대학에 진학하든 취직하든 진로는 신중히 생각하여 정해야 한다.

❸ 好きであれ、嫌いであれ、まず相手を認めることが大事だ。

좋든 싫든 먼저 상대를 인정하는 것이 중요하다.

❹ サッカーであれ、野球であれ、＿＿＿＿＿＿＿＿＿＿＿＿＿＿＿＿。

❺ ＿＿＿＿＿＿＿＿＿＿＿＿＿＿＿＿＿＿、学び続ける姿勢が大切だ。

❻ ＿＿＿＿＿＿＿＿＿＿＿＿＿＿＿＿＿＿＿＿＿＿＿。

初心者 초보자　　慎重だ 신중하다　　進路 진로　　学び続ける 계속해서 배우다
姿勢 자세

てからというもの

~후부터 줄곧   중상급 일본어문형

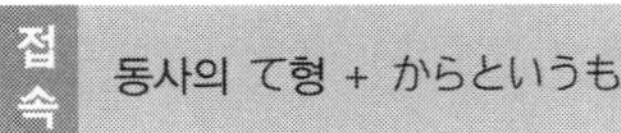

접속   동사의 て형 + からというもの(は)

❶ 彼はその事件があっ**てからというもの**、人が変わったように
まじめになった。

그는 그 사건이 있은 후부터 다른 사람이 된 것처럼 성실해졌다.

❷ 禁煙し**てからというもの**は、今まで平気だった煙草の煙が嫌
になった。

금연하고 부터는 지금까지 아무렇지도 않았던 담배 연기가 싫어졌다.

❸ 日本語を勉強し始め**てからというもの**、＿＿＿＿＿＿＿＿。

❹ 今年になっ**てからというもの**、＿＿＿＿＿＿＿＿＿＿。

❺ ＿＿＿＿＿＿＿＿＿＿＿＿＿＿＿＿＿＿＿＿。

禁煙 금연　煙草 담배　煙 연기　嫌になる 싫어지다

でなくてなんだろう

~가 아니고 무엇이랴

접속 | 명사 + でなくてなんだろう

※명사는 주로 「愛・宿命・運命・真実」 등이 온다.

❶ 彼女のためなら命だって惜しくない。これが愛でなくて何だろう。

그녀를 위해서라면 목숨도 아깝지 않다. 이것이 바로 사랑이 아니고 무엇이랴.

❷ 僕たちは、旅行で訪れたローマで十年ぶりに偶然の再会をした。これが運命でなくて何だろうか。

우리들은 여행으로 들린 로마에서 10년 만에 우연히 재회했다. 이것이 운명이 아니고 무엇이랴.

❸ 昨年の大会で負けたチームと決勝で対戦することになった。

これが______________________________________。

❹ ______________________________________。

惜しい 아깝다　　訪れる 방문하다　　再会をする 재회를 하다　　決勝 결승

~ては~ては

~했다가는 ~, 또 ~했다가는

| 접속 | 동사의 て형 + は + 동사의 ます형, 동사의 て형 + は + 동사의 ます형 |

❶ 梅雨に入ってからというもの、降っ**ては**やみ、降っ**ては**やみの
連続だ。

장마가 시작되고부터는 매일 비가 왔다가 그치고 또 왔다가 그치기고 한다.

❷ 彼女たちは喧嘩し**ては**仲直りし、喧嘩し**ては**仲直りして、今で
も仲良く付き合っている。

그녀들은 싸웠다가 화해하고 또 싸웠다가 화해하곤 하며 지금도 잘 지내고 있다.

❸ お正月休みの間、＿＿＿＿＿＿＿＿＿＿＿、という生活をしていた。

❹ 新聞を読むたびに分からない漢字を＿＿＿＿＿＿＿＿＿＿＿、

やっと辞書がなくても読めるようになった。

❺ ＿＿＿＿＿＿＿＿＿＿＿＿＿＿＿＿＿＿＿＿＿。

| 梅雨 장마 | 仲直りする 화해하다 | 仲良く 사이좋게 |

ではあるまいし

~인 것도 아닌데, ~한 것도 아닌데

접속	명사 + ではあるまいし
	동사의 보통형 + のではあるまいし

❶ 占い師**ではあるまいし**、未来のことなんか私にはわかりません。

제가 점쟁이도 아니고 미래의 일은 잘 모릅니다.

❷ スキーに行くの**ではあるまいし**、そんな厚着をしなくてもいいですよ。

스키 타러 가는 것도 아니고 그렇게 두꺼운 옷차림을 하지 않아도 돼요.

❸ 女子高生**ではあるまいし**、＿＿＿＿＿＿＿＿＿＿＿＿＿＿＿。

❹ 海外旅行に行くの**ではあるまいし**、＿＿＿＿＿＿＿＿＿＿＿。

❺ ＿＿＿＿＿＿＿＿＿＿＿＿＿＿＿＿＿＿＿＿＿。

占い師 점쟁이　厚着をする 두꺼운 옷차림을 하다　女子高生 여고생

てもさしつかえない

~이라도 상관이 없다, ~해도 상관이 없다

접속	명사 + でもさしつかえない な형용사의 어간 + で / い형용사의 어간 + く / 동사의 て형 + もさしつかえない

❶ 申し込みは郵送ではなくファックスでもさしつかえありません。

신청은 우편 이외에 팩스로 해 주셔도 괜찮습니다.

❷ 人の多い所は苦手だが、多少にぎやかでもさしつかえない。

사람이 많은 곳은 싫지만 조금 북적거리는 정도는 괜찮다.

❸ 生活できれば、家は多少狭くてもさしつかえない。

생활만 가능하다면 집은 조금 좁아도 상관없다.

❹ 言論の自由が認められていれば、何を話してもさしつかえないのだろうか。

언론의 자유가 인정된다고 해서 아무 말이나 해도 상관없는 것인가.

❺ こちらからご連絡する際は電話ではなく＿＿＿＿＿＿＿＿＿＿

でしょうか。

❻ ＿＿＿＿＿＿＿＿＿＿＿＿＿英語が苦手でもさしつかえない。

❼ ＿＿＿＿＿＿＿＿＿＿＿＿＿＿悪くてもさしつかえない。

❽ この薬は食前に＿＿＿＿＿＿＿＿＿＿＿＿＿＿＿＿ありません。

❾ ＿＿＿＿＿＿＿＿＿＿＿＿＿＿＿＿＿＿＿＿＿＿＿＿＿＿。

申し込み 신청　　苦手だ 서툴다, 싫다　　言論 언론　　食前 식전

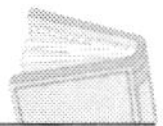

てやまない

~해 마지않다　　중상급 일본어문형

동사의 て형 + やまない

❶ あの方はわたしが尊敬し**てやまない**先生です。

　저 분은 제가 존경해 마지않는 스승입니다.

❷ この作家の作品は人々を魅了し**てやまない**。

　이 작가의 작품은 독자를 매료시킬 수밖에 없다.

❸ ＿＿＿＿＿＿＿＿＿＿＿＿＿＿＿＿＿＿ことを願っ**てやまない**。

❹ どんなに辛くても、きっといいことがあると＿＿＿＿＿＿＿＿。

❺ ＿＿＿＿＿＿＿＿＿＿＿＿＿＿＿＿＿＿＿＿＿＿＿＿＿。

作家 작가　魅了する 매료하다　辛い 괴롭다, 힘들다

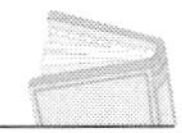

とあいまって

~과 어울려

| 접속 | 명사 + とあいまって |

❶ 最近、梅雨空**とあいまって**気分が晴れない。

요즘 장마로 흐린 하늘 때문인지 기분이 우중충하다.

❷ この寺は庭が有名だが、紅葉**とあいまって**見事な景観を作り

出している。

이 절은 정원이 유명한데 단풍과 어울려 훌륭한 절경을 이루고 있다.

❸ 韓流ブーム**とあいまって**、日本からの観光客が＿＿＿＿＿＿。

❹ ＿＿＿＿＿＿＿＿＿＿＿＿＿＿＿＿＿、主題歌も売れている。

❺ ＿＿＿＿＿＿＿＿＿＿＿＿＿＿＿＿＿＿＿＿＿。

梅雨空 장마로 흐린 하늘　紅葉 단풍　見事な 멋진, 뛰어난　景観 경관
主題歌 주제가(연극, 영화의) 테마송

とあって

~이라고 하여, ~한다고 하여

접속	명사 + とあって 동사의 사전형 + とあって

❶ お盆休み**とあって**、海外旅行のツアーはどれも高くなっている。

오봉(음력 7월 보름) 연휴 때문에 해외 여행상품이 모두 비싸졌다.

❷ 大型の台風が接近している**とあって**、朝から大雨が続いている。

강한 태풍이 다가오면서 아침부터 많은 비가 내리고 있다.

❸ オープンしたばかり**とあって**、駅前のデパートは＿＿＿＿＿＿。

❹ ＿＿＿＿＿＿＿＿＿＿＿＿＿＿**とあって**、地元はお祭り騒ぎだ。

❺ ＿＿＿＿＿＿＿＿＿＿＿＿＿＿＿＿＿＿＿＿＿＿＿。

大型 크 接近する 접근하다 地元 고향

とあっては

~이니만큼, ~하는 만큼

| 접속 | 명사 + とあっては
な형용사의 어간 / い형용사의 사전형 / 동사의 사전형 + とあっては |

① お世話になった先輩の頼み**とあっては**、断れない。

신세를 진 선배의 부탁이니만큼 거절할 수가 없다.

② 知性もあり、容姿端麗で謙虚**とあっては**、誰も放っておかない。

지성과 미모도 갖춘데다 겸손하기까지 하니 다들 가만히 두지를 않는다.

③ こうも残暑が厳しい**とあっては**、夏バテで体調を崩してもおかしくない。

늦더위가 이렇게 심해서야 더위 때문에 몸이 상할 만도 하다.

④ 友人が舞台に出演する**とあっては**、何としてでも見に行かねばならない。

친구가 무대에 출연한다고 하니 어떻게든 보러 가야 한다.

⑤ ＿＿＿＿＿＿＿＿＿＿＿＿＿＿＿＿＿＿＿＿とあっては、

協力しないわけにはいかない。

⑥ 辛いものが駄目とあっては、＿＿＿＿＿＿＿＿＿＿＿＿＿。

⑦ 運転したことがほとんどないとあっては、＿＿＿＿＿＿＿。

⑧ 両親が反対しているとあっては、＿＿＿＿＿＿＿＿＿＿。

⑨ ＿＿＿＿＿＿＿＿＿＿＿＿＿＿＿＿＿＿＿＿＿＿＿＿。

容姿端麗（ようしたんれい） 용모가 단정하고 아름다움　謙虚（けんきょ） 겸허, 겸손
放（ほ）っておく 내버려 두다　殘暑（ざんしょ） 늦더위　夏（なつ）バテ 여름 탐
体調（たいちょう）を崩（くず）す 몸이 상하다

とあれば

~이라고 하면, ~한다고 하면

접속 | 명사 + とあれば
な형용사의 어간 / い형용사의 사전형 / 동사의 사전형 + とあれば

❶ 子供のため**とあれば**、多少の出費もしかたがない。

아이를 위해서라면 어느 정도의 지출은 어쩔 수 없다.

❷ 検診で精密検査が必要**とあれば**、ただの検査と言われても心配になるものです。

건강검진 후 정밀검사가 필요하다고 하면 그냥 검사라고는 해도 걱정이 됩니다.

❸ 働くのが楽しい**とあれば**幸せなことだ。

일이 즐겁다는 것은 행복한 일이다.

❹ ヨーロッパに一ヶ月旅行する**とあれば**、費用はいくらぐらい必要だろう。

유럽여행을 한 달 정도 하려면 비용은 얼마나 들까?

❺ A：あの、チャイあります?

　　B：チャイは当店のメニューにはございませんが、お客様のご希望

　　　とあれば、＿＿＿＿＿＿＿＿＿＿＿＿＿＿＿＿＿＿。

❻ 日当たりもよく、部屋の中もきれいとあれば、＿＿＿＿＿＿＿。

❼ 値段も＿＿＿＿＿＿＿＿＿＿＿、質も＿＿＿＿＿＿＿＿＿＿

　　とあれば、買っても損はしないだろう。

❽ お呼びとあれば、＿＿＿＿＿＿＿＿＿＿＿＿＿＿＿＿＿。

❾ ＿＿＿＿＿＿＿＿＿＿＿＿＿＿＿＿＿＿＿＿＿＿＿＿＿＿＿。

検診 검진　　出費 지출　　精密検査 정밀검사　　チャイ 인도의 밀크티

~といい ~といい

~도 그렇고 ~도 그렇고

접속	명사 + といい + 명사 + といい

❶ デザイン**といい**色**といい**、一目で気に入り、カーテンを購入した。

디자인도 색도 첫눈에 마음에 들어서 커튼을 구입했다.

❷ 立地**といい**価格**といい**、一人暮らしにはもってこいの物件を見つけた。

입지며 가격이며 혼자 살기에는 안성맞춤인 집을 찾았다.

❸ この店のコーヒーは________________________

といい________________________**といい**、最高の品質だ。

❹ 彼女は________________**といい**____________**といい**、

いつも優秀でみんなの憧れの的だった。

❺ ________________________________。

立地 입지　もってこい 안성맞춤　物件 물건　憧れの的 동경의 대상

というところだ

~이라는 정도이다, ~하는 정도이다

| 接続 | 명사 / な형용사의 어간 / い형용사의 사전형 / 동사의 보통형 + というところだ (といったところだ) |

① 睡眠時間は平均六時間**といったところだ**。

　수면시간은 평균 6시간 정도입니다.

② うちの祖母は老いてますます元気**といったところだ**。

　우리 할머니께서는 연세를 드시며 점점 건강해 지신 편이다.

③ この店には二十年を超える常連の方もいて、私が常連と言うには

　おこがましい**といったところだ**。

　이 가게에는 20년 넘게 단골로 오시는 분도 있고 해서 나는 단골 축에도 못 낀다.

④ 私の日本語の実力は、一ヶ月勉強してやっと自己紹介ができる**と**

　いったところだ。

　제 일본어 실력은 한 달 공부해서 겨우 자기소개가 가능한 정도입니다.

⑤ ＿＿＿＿＿＿＿＿＿＿＿＿＿＿＿＿＿＿＿＿＿、まずまずのスタート

　といったところだ。

❻ 日本に留学してから半年。____________________________、

概ね順調といったところだ。

❼ この授業は日本語で行われるので、中級の学習者にはやや

____。

❽ A：例のプロジェクトは順調ですか。

B：ええ。最近やっと____________________________________。

❾ ____。

老いる 늙다	常連 단골	おこがましい 건방지다, 주제넘다, 어이없다	
まずまず 우선, 그런대로	概ね 대체로		

일본어능력시험을 대비한

というもの

~동안, ~한 후

접속	기간을 나타내는 말 + というもの 동사의 て형 + からというもの

① 戦争が終わって以来六十年というもの、世の中はすっかり変わってしまった。

전쟁이 끝난 후 60년 동안 세상이 완전히 변했다.

② 三ヶ月前にダイエットを始めてからというもの、彼女は食事制限にめげず五キロの減量に成功した。

3개월 전 다이어트를 시작한 후 그녀는 끈기 있는 식이요법으로 5kg 감량에 성공했다.

③ _______________________________________年というもの、

一度もけんかをしたことがない。

④ あなたに会ってからというもの、_______________________。

⑤ _______________________________________。

めげる 마음이 약해지다　　減量(げんりょう) 감량

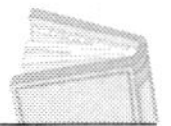

といえど(も)

~이라고는 해도

접속 명사 / な형용사의 어간 / い형용사의 사전형 / 동사의 보통형 + といえど (いえども)

❶ 休日**といえど**、朝から洗濯や掃除に忙しい。

휴일이라고는 해도 아침부터 빨래와 청소로 분주하다.

❷ 秋**といえども**、まだまだ暑い日が続いている。

가을이라고는 해도 아직 더위가 지속되고 있다.

❸ いくら車が便利**といえども**、たまには歩いた方がいい。

아무리 차가 편해도 가끔은 걷는 것이 좋다.

❹ 父はいくら元気**といえども**年を取った。

아무리 건강하시다고는 해도 아버지도 연세를 드셨다.

❺ 安い**といえども**買いすぎるのはよくない。

아무리 싸도 너무 많이 사는 것은 좋지 않다.

❻ いくら子供がかわいい**といえども**、ほしがるだけおもちゃを買い与えるのは賛成できない。

아무리 자식이 귀여워도 사달라는 장난감을 다 사주는 것은 찬성할 수가 없다.

❼ 経済学部を卒業した**といえど**、数学は苦手だ。

　경제학부를 졸업했다고는 하지만 수학은 잘 못한다.

❽ 卒業式が終わった**といえども**、三月三十一日までは我が校の生徒だ。

　졸업식은 끝났지만 3월 31일까지는 아직 우리 학교의 학생이다.

❾ ＿＿＿＿＿＿＿＿＿＿＿＿＿＿＿＿＿**といえども**、失敗することはある。

❿ どんなに彼が優秀**といえども**、＿＿＿＿＿＿＿＿＿＿＿＿＿＿＿。

⓫ 地理的に近い**といえど**、＿＿＿＿＿＿＿＿＿＿＿＿＿＿＿＿。

⓬ 医師の免許がある**といえども**、＿＿＿＿＿＿＿＿＿＿＿＿＿＿。

⓭ ＿＿＿＿＿＿＿＿＿＿＿＿＿＿＿＿＿＿＿＿＿＿＿＿＿＿＿。

苦手だ(にがて) 잘못하다, 서툴다　　生徒(せいと) 학생　　優秀(ゆうしゅう) 우수　　免許(めんきょ) 면허

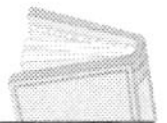

といったらありはしない ~이기 짝이 없다, ~하기 짝이 없다

접속	명사 / い형용사의 사전형 + といったらありはしない

❶ 故郷を離れ、一人暮らしを始めるときの心細さ**といったらありはしない**。

고향을 떠나 혼자 살기 시작했을 때의 불안함이란 말로 다 할 수 없다.

❷ みんな私のことを子ども扱いして、腹立たしい**といったらありはしない**。

모두들 나를 어린아이 취급하여 무척 화가 났다.

❸ 震度五の地震を経験したときの________________

といったらありはしない。

❹ ________________、悔しい**といったらありはしない**。

❺ ____________________________________。

心細い 불안하다, 허전하다　　腹立たしい 화가 나다, 괘씸하다　　震度 진도
悔しい 억울하다

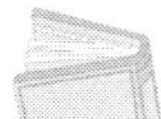

といったらない

정말 ~이다

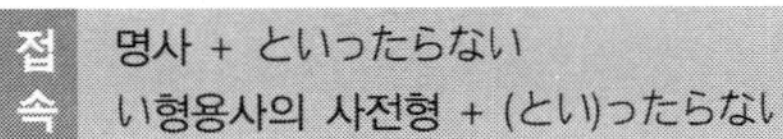
명사 + といったらない
い형용사의 사전형 + (とい)ったらない

① 屋上から眺めた夕焼けの美しさといったらなかった。

옥상에서 바라본 노을은 대단히 아름다웠다.

② 僕の部屋はエアコンがないから、暑いったらないよ。

내 방은 에어컨이 없어서 너무 더워.

③ ＿＿＿＿＿＿＿＿＿＿時の彼の顔といったらなかった。

④ ＿＿＿＿＿＿＿＿＿＿＿＿＿嬉しいったらない。

⑤ ＿＿＿＿＿＿＿＿＿＿＿＿＿。

屋上 옥상　　眺める 바라보다　　夕焼け 저녁 노을

~といわず~といわず

~이고 ~이고 할 것 없이

접속 명사 + といわず + 명사 + といわず

① あまりにもお腹がすいていたので、パン**といわず**、ご飯と**い**
わず、片っ端から食べた。

너무 배가 고파서 빵이고 밥이고 할 것 없이 닥치는 대로 먹어 치웠다.

② 一人暮らしをしてから、母は昼**といわず**夜**といわず**電話して
くる。

혼자 살게 된 후부터 어머니께서는 밤낮으로 나에게 전화를 거신다.

③ 彼は旅行が好きで、大学時代から＿＿＿＿＿＿＿＿**といわず**
＿＿＿＿＿＿＿＿**といわず**、世界中を旅している。

④ 彼女は動物が好きで、＿＿＿＿＿**といわず**＿＿＿＿＿
といわず、いろいろなペットを飼っている。

⑤ ＿＿＿＿＿＿＿＿＿＿＿＿＿＿＿。

片っ端から 닥치는 대로, 모조리　旅する 여행하다

とおもいきや（と思いきや） ~이라고 생각했는데, ~한다고 생각했는데

접속	명사 + のおり(に)
	동사의 사전형 + おりに

※ 「と」 앞에 「か」를 동반하는 경우도 있다.

❶ これで一件落着かと思いきや、事件は新たな展開を見せた。

이걸로 일이 일단락 지어졌다고 생각했는데 사건은 새로운 국면으로 접어들었다.

❷ 五時間も煮込むのは大変かと思いきや、圧力鍋を使うとかなり時間が短縮できる。

다섯 시간이나 삶는 것은 힘들 거라 생각했는데 압력솥을 쓰면 시간을 많이 단축할 수 있다.

❸ 学校の食堂だから安いと思いきや、カレーライスが七百円もした。

학생식당이라 쌀 줄 알았는데 카레라이스가 700엔이나 했다.

❹ このまま不景気が続くかと思いきや、景気回復の兆しが見え始めた。

이대로 불경기가 계속될 줄 알았는데 경기회복의 전망이 보이기 시작했다.

❺ お花見日和かと思いきや、突然_______________________________。

❻ ____と思いきや、

勉強すればするほど難しくなるようだ。

❼ 今年の冬は暖かいかと思いきや、_____________________________。

❽ この試合は勝ったと思いきや、九回の裏で_____________________。

❾ ____。

とかく~がちだ

자칫 ~하기 십상이다

접속 | とかく + 동사의 ます형 + がちだ

① 年を取ると、とかく忘れがちになる。

나이가 들면 기억력이 나빠지기 쉽다.

② 季節の変わり目は、とかく体を壊しがちだ。

환절기에는 자칫 몸이 상하기 쉽다.

③ 親というものは、子供に対してはいくつになってもとかく子供を

_________________だ。

④ 人はとかくメディアの言うことを_________________。

⑤ _________________。

変わり目 바뀔 때, 환절기　　体を壊す 몸이 상하다

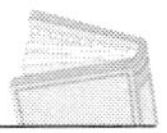

ときたら

~으로 말할 것 같으면

 **접속** 명사 + ときたら

❶ 最近の天気**ときたら**、晴れていたのに急に土砂降りになったりで、洗濯物も乾かない。

요즘 날씨는 맑다가도 갑자기 비가 억수같이 쏟아지곤 해서 빨래도 잘 마르지 않는다.

❷ うちの子**ときたら**、勉強もろくにしないでテレビゲームばかりしている。

우리 애는 공부도 제대로 안 하면서 텔레비전 게임만 하고 있다.

❸ 今年の新入生**ときたら**、＿＿＿＿＿＿＿＿＿＿＿＿＿＿＿。

❹ ＿＿＿＿＿＿＿＿＿＿＿**ときたら**、目上の人に対する言葉遣い

がなっていない。

❺ ＿＿＿＿＿＿＿＿＿＿＿＿＿＿＿＿＿＿＿＿＿。

土砂降り 억수 같이 쏟아지는 비　ろくに~ない 제대로~않다　目上 손윗사람
言葉遣い 말씨, 말투

ときているから

~이기까지 해서, ~하기까지 해서

| 접속 | 명사 / な형용사의 어간 / い형용사의 사전형 / 동사의 사전형 + ときているから |

❶ 仕事上座りっぱなしのことが多く、おまけに冷え性**ときているから**、足がむくみやすく困る。

업무상 장시간 앉아 있는 경우가 많은 데다 몸까지 찬 편이라 다리가 자주 부어 힘들다.

❷ 娘は電車酔いがひどいうえ人ごみが苦手**ときているから**、通勤ラッシュは苦痛そのものだ。

우리 딸은 전철 멀미가 심한데다 붐비는 곳을 싫어해서 출근 시간은 고통 그 자체다.

❸ この辺りの物件は建物が古いうえに家賃が高い**ときているから**、なかなか借り手が見つからない。

이 근처의 집들은 낡은데다 집세까지 비싸서 살려는 사람이 좀처럼 나타나지 않는다.

❹ 家から学校のキャンパスまでは二時間かかるうえ、授業は九時に始まる**ときているから**毎朝大慌てで準備している。

집에서 학교까지 두 시간이나 걸리는 데다 수업이 9시부터라서 아침마다 준비하느라 정신없다.

❺ 今週は課題が三つもある上、来週は期末テストときているか

ら＿＿＿＿＿＿＿＿＿＿＿＿＿＿＿＿＿＿＿＿＿＿＿＿＿。

❻ うちの子は最近反抗期で不安定ときているから、＿＿＿＿＿

＿＿＿＿＿＿＿＿＿＿＿＿＿＿＿＿＿＿＿＿＿＿＿＿＿＿＿。

❼ この仕事は残業が多いうえに給料が安いときているから、

＿＿＿＿＿＿＿＿＿＿＿＿＿＿＿＿＿＿＿＿＿＿＿＿＿＿＿。

❽ 彼女はイギリスで大学院を卒業し、おまけに結婚した

ときているから＿＿＿＿＿＿＿＿＿＿＿＿＿＿＿＿＿＿＿＿。

❾ ＿＿＿＿＿＿＿＿＿＿＿＿＿＿＿＿＿＿＿＿＿＿＿＿＿＿＿。

冷え性 냉한증	足がむくむ 다리가 붓다	酔い 멀미	苦痛 고통
家賃 집세(월세)	借り手 빌리는 사람	大慌て 매우 서두름, 매우 당황함	
残業 잔업	反抗期 반항기		

일본어능력시험을 대비한

ところ

~인 상황, ~하는 것

접속	명사 + のところ(を) い형용사의 사전형 / 동사의 사전형(보통형) + ところ(を)

❶ お取り込み中の**ところを**お呼びしてすみませんでした。

바쁘신 중에 이렇게 오시게 해서 죄송합니다.

❷ お忙しい**ところを**、よくきてくださいました。

바쁘신 와중에 와 주셔서 감사합니다.

❸ 国外に強制送還される**ところを**、弁護士や関係者の介入により、直前で止められた。

해외로 강제송환 될 뻔한 것을 변호사 및 관계자의 개입으로 겨우 막을 수 있었다.

❹ その学生は授業をさぼろうと教室を出た**ところを**、先生に見つかった。

그 학생은 수업을 빠지려고 몰래 교실을 나서다가 선생님께 들키고 말았다.

❺ ＿＿＿＿＿＿＿＿＿＿＿の**ところ**、突然お邪魔してすみません。

❻ ご多忙のところを恐縮ですが、＿＿＿＿＿＿＿＿＿＿＿＿＿＿＿＿。

❼ ＿＿＿＿＿＿＿＿＿＿＿＿＿＿＿＿＿＿＿ところを申し訳ありませんが、

後ほどご連絡してもよろしいでしょうか。

❽ 山の中でクマに襲われそうになったところを＿＿＿＿＿＿。

❾ 昨日ニュースになった銀行強盗は、＿＿＿＿＿＿＿＿＿＿

ところを警察に捕まえられた。

❿ ＿＿＿＿＿＿＿＿＿＿＿＿＿＿＿＿＿＿＿＿＿＿＿。

取り込み 매우 바쁨, 다망함　授業をさぼる 수업을 빠지다　恐縮だ 송구스럽다
後ほど 나중에　襲われる 습격당하다　強盗 강도　捕まえる 붙잡다

일본어능력시험을 대비한 ■

どころか

~은커녕, ~하기는커녕

접속 명사 / な형용사의 연체형(な) / い형용사의 사전형 / 동사의 사전형 + どころか

❶ 前半戦で無得点だったこのチームは、後半戦も反撃どころか、やられっぱなしだ。

전반전에서 1점도 올리지 못한 이 팀은 후반전 역시 반격은커녕 당하고만 있다.

❷ あの作家は有名などころか、昨年芥川賞を受賞している。

그 작가는 유명한 정도가 아니라 작년에는 아쿠타가와(芥川)상을 수상하기도 했다.

❸ 夏休みも終わったが、涼しいどころか、暑さが厳しさを増しているようだ。

여름방학도 끝났는데 날씨가 선선해지기는커녕 더위가 한층 더해지는 것 같다.

❹ 景気は回復するどころか、ますます落ち込んでいった。

경기는 회복되기는커녕 점점 더 나빠지기만 했다.

❺ 高速道路の料金は無料になると思われていたが、無料化どころ

か、________________________________。

❻ 最近は____________どころか、仕事に追われて休む暇もない。

❼ 彼女は____________どころか、クラスのムードメーカーだ。

❽ その事件は真相が解明されるどころか、________________。

❾ ________________________________。

反撃 (はんげき) 반격

芥川賞 (あくたがわしょう) 일본의 유명 작가 아쿠타가와 류노스케를 기념하여 만든 신인 문학상

受賞する (じゅしょう) 수상하다　増す (ま) 더하다　落ち込む (お・こ) (나쁜 상태에)빠지다　真相 (しんそう) 진상

どころではない

~할 상황이 아니다

접속	명사 + どころではない 동사의 사전형 + どころではない

❶ 最近は残業ざんまいで、家事どころではなかった。

　요즘은 툭하면 잔업이라 집안일을 할 여유가 없었다.

❷ 学費を稼ぐのに必死で、勉強するどころではなかった。

　학비를 버느라 공부할 상황이 아니었다.

❸ A : 週末どこか遊びに行かない?

　B : ごめん、＿＿＿＿＿＿＿＿、それどころじゃないんだ。

❹ 大学入試まで一ヶ月を切った。＿＿＿＿＿どころではない。

❺ ＿＿＿＿＿＿＿＿＿＿＿＿＿＿＿＿＿＿＿＿＿。

家事 집안 일　　稼ぐ (돈을) 벌다

중상급 일본어문형

ところで
~해 봐야

 동사의 た형 + ところで(~ない)

※ 예문 ❷처럼 「無駄 / 無意味だ」와 같이 부정적인 표현도 사용된다.

❶ 今から出かけたところで、バスの時間には間に合わない。

지금 출발해 봐야 버스를 놓치고 말 것이다.

❷ こうなった以上、ああだこうだと騒いだところで無駄だ。

이렇게 된 이상 이러쿵저러쿵 떠들어 봐야 소용이 없다.

❸ 今になって焦ったところで＿＿＿＿＿＿＿＿＿＿＿＿＿。

❹ ＿＿＿＿＿＿＿＿＿ところで、時間を戻せるわけではない。

❺ ＿＿＿＿＿＿＿＿＿＿＿＿＿＿＿＿＿。

騒ぐ 떠들다　無駄だ 소용없다　焦る 안달하다, 초조하다
時間を戻す 시간을 되돌리다

となく

~랄 것도 없이

접속 なん/いく ＋ 수량사 ＋ となく

❶ その池には何匹**となく**鯉が泳いでいる。

그 연못에는 잉어가 몇 마리나 헤엄치고 있다.

❷ 歴史に興味のある彼は、幾度**となく**その遺跡に足を運んだ。

역사에 관심이 많은 그는 몇 번이나 그 유적을 찾아갔다.

❸ 彼はうっぷんを晴らそうと、ビールを＿＿＿＿＿＿＿＿＿＿＿＿

となく飲み干した。

❹ 研究室の本棚には専門書が＿＿＿＿＿＿＿＿＿＿＿＿＿＿

となく並べられている。

❺ ＿＿＿＿＿＿＿＿＿＿＿＿＿＿＿＿＿＿＿＿＿＿＿＿＿。

鯉 잉어　幾度 몇 회　遺跡 유적　足を運ぶ 찾아가다, 방문하다
うっぷんを晴らす 울분을 풀다

とは

~이라니, ~하다니

접속　명사 / な형용사의 사전형(だ) / い형용사의 보통형 / 동사의 보통형 + とは

❶ ろくに練習もしなかったのにコンクール入賞**とは**、驚いた。

제대로 연습도 하지 않았는데 콩쿨에서 입상했다니 깜짝 놀랐다.

❷ 星がこんなにきれいだ**とは**、山頂まで頑張って登ったかいがある。

별이 이렇게 아름답다니 힘들여 정상까지 올라 온 보람이 있다.

❸ 聞いてはいたが、アラスカがこんなに寒い**とは**想像以上だ。

진작 듣기는 했지만 알래스카가 이렇게까지 추울 줄은 몰랐다.

❹ 上司に向かって物怖じせず堂々と意見が言える**とは**、大したものだ。

상사에게 겁도 없이 당당하게 자기 의견을 말할 수 있다니 참 대단하다.

❺ あんなに優しかった彼が＿＿＿＿＿＿＿＿＿＿＿＿＿＿とは、

まったく信じられない。

❻ 結婚するのに学歴が必要だとは、＿＿＿＿＿＿＿＿＿＿。

❼ 韓国にこんなにも日本食のレストランが多いとは、＿＿＿＿＿。

❽ ＿＿＿＿＿＿＿＿＿＿＿＿＿＿＿とは思いもしなかった。

❾ ＿＿＿＿＿＿＿＿＿＿＿＿＿＿＿＿＿＿＿＿。

山頂 산 정상	物怖じ 겁을 먹음, 두려워함	堂々 당장	大した 공정한, 대단한

とはいえ

~이라고는 해도

접속 | 명사 / な형용사의 사전형(だ) / い형용사의 사전형 / 동사의 사전형 + とはいえ

❶ アルバイト**とはいえ**、責任を持って働かなければならない。

아무리 아르바이트라도 책임감을 가지고 일을 해야 한다.

❷ 元気だ**とはいえ**、無理をすればまた風邪をぶり返す。

좀 나아졌다고 하여 무리하면 또 감기가 도진다.

❸ いくら安い**とはいえ**、こんなものは必要ない。

아무리 값이 싸다 하더라도 이런 것은 필요 없다.

❹ 春になった**とはいえ**、まだまだ寒い日が続いている。

봄이 왔다고는 해도 아직 추운 날씨가 지속 되고 있다.

❺ ＿＿＿＿＿＿＿＿**とはいえ**、あまりにも常識がないようでは困る。

❻ いくら健康だ**とはいえ**、＿＿＿＿＿＿＿＿＿＿体に良くない。

❼ このパソコンは多少古い**とはいえ**、＿＿＿＿＿＿＿＿＿＿。

❽ ＿＿＿＿＿＿＿＿**とはいえ**、被害者の心の傷が癒えることはない。

❾ ＿＿＿＿＿＿＿＿＿＿＿＿＿＿＿＿＿＿＿＿＿。

ぶり返す (병이) 도지다　　心の傷 마음의 상처　　癒える 병이 낫다, 상처가 치유되다

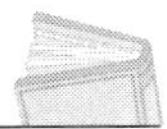

とばかり(に)

~이라고 하는 듯이

| 접속 | 명사 / な형용사의 사전형(だ) / い형용사의 사전형 / 동사의 보통형 + とばかり(に)
인용절 + とばかり(に) |

※ 동사는 명령형(な), 의지형(う/よう)에도 접속 가능하다.

❶ これが最後とばかり、チームが一丸となって戦った結果勝利を
収めた。

이번이 마지막이라는 마음으로 모든 팀원이 힘을 합친 결과 승리를 거두었다.

❷ そんなことをしても無駄だとばかりに、彼女はため息をつい
た。

그래 봐야 소용없다는 듯이 그녀는 한숨을 쉬었다.

❸ こんな時間に山道を通るのは怖いとばかりに車のスピードを上
げた。

이런 시간에 산길을 지나기가 두렵다는 듯이 차의 속도를 높였다.

❹ 選手たちに届けとばかりにアルプス席から必死に応援した。

선수들에게 다 들리도록 알프스 석에서 필사적으로 응원했다.

❺ 彼は「いい気味だ」とばかりに私をにらみつけた。

그는 '그것 참 고소하다'는 듯이 나를 노려보았다.

❻ ワールドカップの予選で、後半の二十分を過ぎた頃から、ここぞ

とばかりに＿＿＿＿＿＿＿＿＿＿＿＿＿＿＿＿＿＿＿＿。

❼ これぐらい簡単だとばかりに、＿＿＿＿＿＿＿＿＿＿＿。

❽ 隠し通すのは＿＿＿＿＿＿＿＿＿＿＿＿＿＿＿とばかりに、

思いの丈を打ち明けた。

❾ 二度と連絡するなとばかりに、＿＿＿＿＿＿＿＿＿＿＿。

❿ ＿＿＿＿＿＿＿＿＿＿＿＿＿＿＿＿＿＿＿＿＿＿＿＿＿＿。

ともあろう

~란 자가, ~한 사람이, 그러한 사람이

접속 명사 + ともあろう

❶ あなたともあろう人が罪に手を染めてしまうとは。

당신 같은 사람이 죄를 지을 줄이야.

❷ 警察ともあろう人物が不正をするとは許せない。

경찰이란 사람이 부정부패를 저지를 줄이야 용서할 수 없다.

❸ ＿＿＿＿＿＿＿＿ものが子供をほったらかしにして遊びに行くとは、

あきれて言葉も出ない。

❹ 国会議員ともあろう人が＿＿＿＿＿＿＿＿＿＿＿＿＿＿。

❺ ＿＿＿＿＿＿＿＿＿＿＿＿＿＿＿＿＿＿＿＿＿＿＿。

手を染める 손을 대다　　不正をする 부정을 저지르다
ほったらかしにする 방치해 두다, 내버려 두다

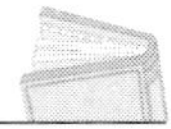

ともなく①

~할 것 없이

 접속 | 의문사 + (조사) + ともなく(ともなしに)

❶ 夕方になり、どこから**ともなく**子供たちが公園に集まってきた。

해질녘이 되자 여기저기에서 아이들이 공원에 몰려들었다.

❷ 上空を舞っていたとんびは、どこへ**ともなく**飛び去って行った。

상공을 날고 있던 솔개는 어디론가 날아가 버렸다.

❸ 誰から**ともなく**その噂は学校中に広がった。

누구로부터라고 할 것 없이 그 소문은 학교 전체에 퍼졌다.

❹ さっきまでおしゃべりしていた子供達だが、いつ**ともなく**眠り
につき、部屋の中は静まり返った。

방금 전까지는 떠들고 있던 아이들이 어느새 잠들어 방 안은 잠잠해졌다.

❺ ＿＿＿＿＿＿＿＿＿＿＿＿＿＿＿＿＿＿ピアノの音色が聞こえてきた。

❻ ＿＿＿＿＿＿＿＿＿＿＿＿＿＿＿＿＿＿うれし涙がこぼれ、

その場は歓喜の渦に包まれた。

❼ ＿＿＿＿＿＿＿＿＿＿＿＿＿＿＿＿＿＿＿＿＿＿＿。

静（しず）まり返（かえ）る 아주 조용해지다　　音色（ねいろ） 음색 (「おんしょく」라고도 읽음)
涙（なみだ）がこぼれる 눈물이 흐르다　　渦（うず）に包（つつ）まれる 소용돌이에 휩싸이다

ともなく②

무심코, ~하려고 한 것은 아니고

 **접속** 　動詞の 사전형 + ともなく(ともなしに)

❶ 何を聞く**ともなく**、さっきからずっとラジオをつけたままにしている。

무엇을 들으려는 것은 아닌데 아까부터 계속 라디오를 틀어두었다.

❷ 誰に言う**ともなく**、ひとり「がんばろう」とつぶやいた。

다른 사람에게 말하려는 것이 아니라 나 자신에게 '힘내자'고 중얼거렸다.

❸ 何を見る**ともなく**、ぼんやりと＿＿＿＿＿＿＿＿＿＿＿＿＿。

❹ 何をする**ともなく**、＿＿＿＿＿＿＿＿＿＿＿＿＿＿＿＿＿。

❺ ＿＿＿＿＿＿＿＿＿＿＿＿＿＿＿＿＿＿＿＿＿＿＿＿＿＿＿。

つぶやく 중얼거리다, 투덜거리다　　ぼんやり 멍하니, 우두커니

ともなると

~이라도 되면, ~쯤 되면

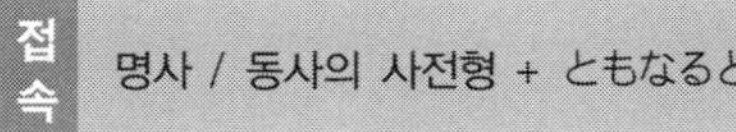

접속 | 명사 / 동사의 사전형 + ともなると

❶ 大学生ともなると、教師が一から言わずとも自分で考えて行動する。

대학생쯤 되면 교사가 하나하나 말하지 않아도 스스로 생각해서 행동한다.

❷ 三日三晩接待が続くともなると、さすがに体がもたない。

3일 밤낮으로 접대가 계속되면 역시 몸이 견디질 못한다.

❸ この当たりの海は冬の間こそ静かだが、夏ともなると

____。

❹ _______________________ともなると、相当お金がかかる。

❺ ____。

三日三晩 3일 밤낮　　体がもたない 몸이 견디어 내지 못한다

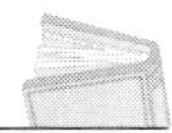

ないではすまない

~해야 한다, ~하지 않고는 해결되지 않는다

接続　동사의 ない형 + ではすまない(ずにはすまない)

❶ 教室で起こったいじめを見て見ぬふりしておいて、何も知ら**ないではすまない**。

교실에서 일어난 왕따 현장을 보고도 못 본 척 해놓고 아무것도 모른다고 해서는 안 된다.

❷ こんな大きな失敗をしたのだから、頭を下げ**ないではすまない**。

이렇게 큰 실패를 했으니 머리를 조아리지 않을 수 없다.

❸ 駐車違反で捕まったら、どんな事情があろうとも罰金を＿＿＿＿＿

＿＿＿＿＿＿＿＿＿＿＿＿＿＿＿＿＿＿＿＿＿。

❹ 期末試験で赤点を取ってしまった。家に帰ったら両親に＿＿＿＿＿

＿＿＿＿＿＿＿＿＿＿＿＿＿＿＿＿＿＿＿＿＿。

❺ ＿＿＿＿＿＿＿＿＿＿＿＿＿＿＿＿＿＿＿＿＿。

ふり(振り)をする …척(체) 하다　頭を下げる 머리를 숙이다　罰金 벌금
赤点を取る 낙제하다

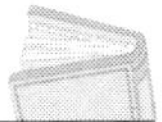

ないでもない

~하지 않는 것도 아니다, ~한 것 같다

| 접속 | 동사의 ない형 + でもない |

❶ フランス映画は見**ないでもない**が、特に好きというわけではない。

프랑스 영화는 보지 않는 것은 아니지만 특별히 좋아하는 것도 아니다.

❷ この薬はあまり効果がないという気がし**ないでもない**。

이 약은 그다지 효과가 없는 것 같은 기분이 든다.

❸ A : 行ける口ですか。

B : _______________________ですが、それ程強くはないですね。

❹ _________________________________はわからないでもない。

❺ ____。

効果がない 효과가 없다　　気がする 기분이 들다
行ける口 (술)꽤 마시는 편임

ないまでも

~까지는 하지 않더라도, ~만큼은 못되어도

 **접속** 동사의 ない형 + までも

❶ 一位とは言わ**ないまでも**、少しずつ成績が上がるように努力し
てほしいものだ。

1위까지는 아니더라도 조금씩 성적이 오르도록 노력해주길 바란다.

❷ 大事には至ら**ないまでも**、今後とも安静が必要だ。

심각한 것까지는 아니더라도 앞으로도 안정이 필요하다.

❸ A：体の具合はどうですか?

B：週末ゆっくり休んだおかげで、万全とは言え**ないまでも**

_______________________________。

❹ _______________、授業中ぐらいはしっかり話を聞くべきだ。

❺ _______________________________。

安静 안정　　万全 만전, (몸 상태) 최상임　　べきだ ~해야 한다

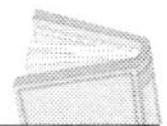

ながら(に)

그대로, 언제나, ~할 때부터, ~이면서, ~이지만

접속 명사 + ながら
동사의 ます형 + ながら

❶ いつも**ながら**残業続きで睡眠不足だ。

　매일같이 계속되는 잔업으로 인해 잠이 부족하다.

❷ 彼は生まれ**ながら**芸術的な才能が備わっている。

　그는 태어날 때부터 예술에 천부적인 재능을 가지고 태어났다.

❸ 私が大学に合格したことを聞いた祖母は、涙**ながらに**＿＿＿＿＿＿

　＿＿＿＿＿＿＿＿＿＿＿＿＿＿＿＿＿＿＿＿＿＿＿＿＿＿＿＿＿＿。

❹ 姉は生まれ**ながらにして**＿＿＿＿＿＿＿＿＿＿＿＿＿＿＿＿＿。

❺ ＿＿＿＿＿＿＿＿＿＿＿＿＿＿＿＿＿＿＿＿＿＿＿＿＿＿＿＿＿。

ながら(も)

~인데도, ~이지만, ~면서도

 명사 / な형용사의 어간 / い형용사의 사전형 / 동사의 ます형 + ながら(も)

❶ 素人**ながらも**、なかなかの演奏だった。

초보자인데도 꽤 괜찮은 연주였다.

❷ 私の出身校は、残念**ながら**甲子園出場を果たせなかった。

나의 모교는 유감스럽게도 코시엔에는 출장하지 못했다.

❸ 若い**ながらも**、彼女はてきぱきと仕事をこなす。

젊은데도 그녀는 시원시원하게 일처리를 잘한다.

❹ 二人は毎日のようにけんかし**ながらも**仲がいい。

두 사람은 매일같이 싸우면서도 사이가 좋다.

❺ 子役**ながら**、＿＿＿＿＿＿＿＿＿＿＿＿＿＿＿＿＿＿。

❻ 新しく発売された携帯電話は、高価ながらも___________。

❼ 担任の先生は普段は_________________________、

学生の悩みには親身に相談に乗ってくれる。

❽ 来週は期末テストだが、_________________________なかなか

はかどらない。

❾ ____________________________________。

素人 초보　　てきぱきと仕事をこなす 척척 일처리를 잘 하다　　子役 아역
親身に 친절하게, 진심으로　　はかどる 진척되다, 일이 잘 되어가다

なくして(は)

~이 없이, ~이 없으면

 명사 + なくしては

※ 문맥에 따라서는 「は」는 생략 가능하다.

❶ 仲間の協力なくしては、この企画を成功させることはできな
かった。

동료들의 협력이 없었다면 이 기획은 성공할 수 없었다.

❷ その犬と飼い主の話は、涙なくして語れない。

그 개와 주인의 이야기는 눈물 없이는 말할 수 없다.

❸ 建設的な議論なくしては、このプロジェクトは__________。

❹ __________________________、結果はついてこない。

❺ ____________________________________。

仲間 동료　　飼い主 주인　　語る 말하다

なしに

접속	명사 + なしに
	동사의 사전형 + ことなしに

❶ 挨拶**なしに**職員室に入ってはいけない。

인사도 없이 직원실에 들어가서는 안 된다.

❷ 学ぶこと**なしに**成長はありえない。

배우지 않고 성장하는 것은 있을 수 없다.

❸ 二年前に卒業した学生が＿＿＿＿＿＿＿＿＿＿＿＿＿

突然研究室を訪ねてきた。

❹ 失敗すること**なしに**＿＿＿＿＿＿＿＿＿＿＿＿。

❺ ＿＿＿＿＿＿＿＿＿＿＿＿＿＿＿＿＿＿＿＿＿＿。

なにしろ

여하튼, 어쨌든, 아무튼, 어차피

접속 　なにしろ + 문장

※「なにしろ~から」「なにしろ~て」와 같은 형식으로 이유를 기술하는 경우가 많다.

❶ なにしろこの料理は簡単にできるので、忙しいときには重宝する。

어쨌든 이 요리는 간단히 할 수 있으므로 바쁠 때 유용하다.

❷ 家族でお花見をしに行くつもりだったが、なにしろ連休だからどこへ行っても人しか見えない。

가족끼리 꽃구경하러 갈 예정이었는데 어차피 연휴니까 어디에 가도 사람 밖에 보이지 않을 것 같다.

❸ ＿＿＿＿＿＿＿＿＿＿＿＿＿＿＿＿＿＿韓国ドラマのファンなので、

韓国の芸能界のことは誰よりも詳しいと思います。

❹ ＿＿＿＿＿＿＿＿＿＿＿＿＿＿＿、街を歩いているととても目立つ。

❺ ＿＿＿＿＿＿＿＿＿＿＿＿＿＿＿＿＿＿＿＿＿＿＿。

重宝する 유용하다　　連休 연휴　　芸能界 연예계　　目立つ 눈에 띄다

なまじ

섣불리, 오히려, 어설피, 억지로, 할 수도 없으면서

接続 なまじ / なまじの / なまじな + 명사~

① **なまじ**土地勘があったために、道に迷ってしまった。

　어설픈 방향감각 때문에 길을 헤매고 말았다.

② **なまじな**返事はするな。

　어설픈 대답은 하지마.

③ 勤務先の経営状態については何も知らなかったが、＿＿＿＿＿＿

　知ってしまったために不安になった。

④ **なまじの**優しさは＿＿＿＿＿＿＿＿＿＿＿＿＿＿＿＿＿＿＿。

⑤ ＿＿＿＿＿＿＿＿＿＿＿＿＿＿＿＿＿＿＿＿＿＿＿＿＿＿＿。

土地勘（とちかん）がある 지리에 밝다, 방향감각이 있다　　不安（ふあん）になる 불안해지다

ならでは

~만의, 특유의, ~이 아니고는 할 수 없는

접속 명사 + ならでは

❶ 韓国ならではの唐辛子を使ったおいしい料理を食べた。

한국 고유의 고추를 사용한 맛있는 음식을 먹었다.

❷ この映画は、あの監督ならではの世界観が映し出されている。

이 영화는 그 감독만이 표현할 수 있는 세계관이 나타나 있다.

❸ ＿＿＿＿＿＿＿＿＿の習慣に慣れるまでは、かなり時間がかかった。

❹ 一流ホテルならではのサービスに＿＿＿＿＿＿＿＿＿＿＿。

❺ ＿＿＿＿＿＿＿＿＿＿＿＿＿＿＿＿＿＿＿＿＿。

唐辛子 고추　　映し出す 나타내다

なり①

~하자마자

접속 동사의 사전형 + なり

① さっきまでいい天気だったが、家を出る**なり**雨が降り出した。

아까까지 날씨가 좋았는데 집을 나서자마자 비가 내리기 시작했다.

② 旅行から帰ってくる**なり**、体調を崩して寝込んでしまった。

여행에서 돌아오자마자 몸상태가 좋지 않아서 몸져눕게 되었다.

③ 教室に入ってくる**なり**、＿＿＿＿＿＿＿＿＿＿＿＿＿＿＿＿＿。

④ ＿＿＿＿＿＿＿＿＿＿＿＿＿＿＿＿＿＿泣き出してしまった。

⑤ ＿＿＿＿＿＿＿＿＿＿＿＿＿＿＿＿＿＿＿＿＿。

体調を崩す 몸 상태가 좋지 않다　寝込む 숙면, 앓아눕다
泣き出す 울기 시작하다

일본어능력시험을 대비한 ▊

なり②

~한 채로 　　中上級 일본어문형

 **접속** 　동사의 た형 + なり(で)

❶ 息子は朝早く遊びに出た**なり**、夜中まで帰ってこなかった。

　　아들은 아침 일찍 놀러 나간채로 밤늦게까지 돌아오지 않았다.

❷ 受話器を耳にあてた**なり**、一言も話さなかった。

　　수화기를 귀에 댄 채로 한마디도 하지 않았다.

❸ ＿＿＿＿＿＿＿＿＿＿＿＿＿＿＿＿、いくら呼んでも出てこなかった。

❹ 友人は私の顔をじっと見つめた**なり**、＿＿＿＿＿＿＿＿＿＿＿＿。

❺ ＿＿＿＿＿＿＿＿＿＿＿＿＿＿＿＿＿＿＿＿＿＿＿＿＿＿。

耳にあてる 귀에 대다　　じっと見つめる 가만히 쳐다보다, 응시하다

なり~ なり~

~이든 ~이든

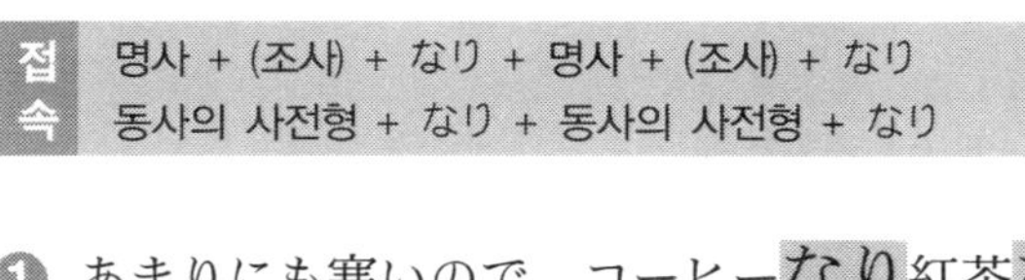

명사 + (조사) + なり + 명사 + (조사) + なり
동사의 사전형 + なり + 동사의 사전형 + なり

❶ あまりにも寒いので、コーヒー**なり**紅茶**なり**、何か温かいもの
が飲みたい。

너무 추워서 커피든 홍차든 뭔가 따뜻한 것을 마시고 싶다.

❷ 進路のことで悩んでいるなら、一度先生に**なり**親に**なり**、相談
してみるのはどうだい?

진로에 대해 고민하고 있다면 한 번 선생님이나 부모님께 상담해보는 것은 어떨까?

❸ 日本語を上達させたいなら、単語を覚える**なり**CDを聞く**なり**、
いろんな方法がある。

일본어를 잘하고 싶다면 단어를 외우거나 CD를 듣는 등 여러 방법이 있다.

❹ そんなにお腹がすいているなら、＿＿＿＿＿＿＿＿＿＿＿＿**なり**

＿＿＿＿＿＿＿＿＿＿＿＿**なり**、何か食べた方がいいよ。

❺ 今年大学四年生になるので、＿＿＿＿＿**なり**＿＿＿＿**なり**、

就職のための準備を始めなければならない。

❻ ＿＿＿＿＿＿＿＿＿＿＿＿＿＿＿＿＿＿＿。

なりに

나름대로

중상급 일본어문형

접속	명사 / い형용사의 사전형 + なりに / なりの
	동사의 た형 + なりに / なりの

❶ 料理は得意ではないが、**自分なりに**試行錯誤して作ってみた。

요리는 잘하지 못하지만 자기 나름대로 시행착오를 거쳐 만들어 봤다.

❷ 彼女は若い**なりに**家族のことを真剣に考えている。

그녀는 어린 나름대로 가족을 진지하게 생각하고 있다.

❸ 県大会では今まで練習してきた**なりの**結果が出せた。

현(県)대회에서 지금까지 연습해 온 만큼의 결과를 낼 수 있었다.

❹ やっと＿＿＿＿＿＿＿＿＿＿＿＿＿＿＿＿答えを見つけた。

❺ バスケットボール部の弟は、体が小さい**なりに**＿＿＿＿＿＿。

❻ 期末試験ではがんばって勉強した**なりに**＿＿＿＿＿＿＿。

❼ ＿＿＿＿＿＿＿＿＿＿＿＿＿＿＿＿＿＿＿＿＿。

試行錯誤(しこうさくご) 시행착오　真剣(しんけん)に 진지하게　やっと 겨우

なんと(いう)① 얼마나, 어떻게, 놀랍게도

 なんという + 명사수식절

❶ **なんという**きれいな眺めだろう。

이 얼마나 아름다운 경치인가.

❷ ついかっとなったとは言え、**なんという**ひどいことを言ってしまったのだろう。

무심코 화가 났다고는 해도 어떻게 그런 심한 말을 해버렸을까.

❸ 道に迷って途方に暮れていたら、たまたま通りかかったおばあさんが駅まで連れて行ってくれた。**なんという**＿＿＿＿＿。

❹ 国民の税金を無駄遣いするとは、＿＿＿＿＿＿＿＿＿＿＿＿＿。

❺ ＿＿＿＿＿＿＿＿＿＿＿＿＿＿＿＿＿＿＿＿＿＿。

眺め 경치　かっとなる 화가 치밀어 오르다
ひどいことを言う 심한 말을 하다　途方に暮れる 어찌할 바를 모르다
通りかかる 지나가다

なんと(いう)②

얼마나, 어떻게, 놀랍게도

なんという + 명사 + だ

❶ こんな所でばったり再会するなんて、**なんという**偶然だろう。

이런 곳에서 딱 다시 만나다니 이 얼마나 놀라운 우연인가.

❷ **なんという**ことだ。飛行機に乗り遅れてしまった。

이럴 수가. 비행기를 놓쳐버렸다.

❸ もう四月になったというのに雪が降った。＿＿＿＿＿＿＿＿＿＿。

❹ 一人でカレーライスを四皿もたいらげるなんて、＿＿＿＿＿＿＿＿。

❺ ＿＿＿＿＿＿＿＿＿＿＿＿＿＿＿＿＿＿＿＿＿＿＿＿＿。

ばったり 딱, 우연히　　たいらげる 먹어 치우다

にあっても

~에서도

접속 명사 + にあっても

❶ 就職難の時代**にあっても**、彼女はなんとか仕事に就くことができた。

취직이 어려운 시기인데도 불구하고 그녀는 어떻게든 취업을 할 수 있었다.

❷ 困難な状況**にあっても**、彼は諦めずに努力を続けている。

곤란한 상황에서도 그는 포기하지 않고 끊임없이 노력하고 있다.

❸ ＿＿＿＿＿＿＿＿＿＿＿＿＿＿＿＿＿＿＿＿**にあっても**、

彼女が弱音を吐いたことは一度もない。

❹ 祖父は病床**にあっても**、＿＿＿＿＿＿＿＿＿＿＿＿。

❺ ＿＿＿＿＿＿＿＿＿＿＿＿＿＿＿＿＿＿＿＿＿＿＿＿。

就く 취업하다　弱音を吐く 나약한 소리를 하다　病床 병상

にあっては①

~에서는, ~에 있어서는, ~에 관해서는

 **접속**　명사 + にあっては

❶ 世界的な不況下**にあっては**、転職するのも簡単なことではない。

세계적인 불황 속에서는 이직하는 것도 쉬운 일이 아니다.

❷ 我が家**にあっては**、家族全員そろっての食事が当たり前のことであった。

우리 집에서는 가족 전원이 모여서 식사하는 것이 당연한 일이었다.

❸ 赤字続きの経営状況**にあっては**、＿＿＿＿＿＿＿＿＿＿＿。

❹ ＿＿＿＿＿＿＿＿＿＿＿＿＿＿＿＿＿**にあっては、**

むやみに家の外に出ることさえ危険だ。

❺ ＿＿＿＿＿＿＿＿＿＿＿＿＿＿＿＿＿。

転職 전직, 이직　　我が家 우리집　　赤字 적자　　むやみに 함부로　

にあっては②

~에서는, ~에 있어서는, ~에 관해서는

명사 + にあっては ＜사람＞　cf) にかかっては

❶ 母にあっては、だれも口答えできない。

엄마에게는 누구도 말대답 할 수 없다.

❷ うちの上司にあってはお酒の誘いを断ることができない。

우리 상사의 술 권유는 거절할 수가 없다.

❸ 汚職事件でも、大物の政治家にあっては、＿＿＿＿＿＿＿＿。

❹ ＿＿＿＿＿＿＿＿＿＿＿＿＿＿＿＿＿、どんな大男も敵わない。

❺ ＿＿＿＿＿＿＿＿＿＿＿＿＿＿＿＿＿＿＿＿＿＿。

口答え 말대답　　断る 거절하다　　大手企業 대기업　　大男 덩치 큰 사나이
敵わない 당할 수 없다

にいたって

~에 이르자, ~에 닥치자　일본어문형

접속	명사 / 동사의 사전형 + にいたって(に至って)

❶ 終戦**にいたって**、戦地へ赴いた父の安否がわかった。

전쟁이 끝나자 전쟁터로 나간 아버지의 안부를 알게 되었다.

❷ 留学を終える**にいたって**、その国の言葉がようやく自分のもの
にできた。

유학을 마칠 때가 되자 그 나라의 언어가 드디어 내 것이 되었다.

❸ 退職**にいたって**、長年の苦労が＿＿＿＿＿＿＿＿＿＿＿＿＿＿。

❹ ＿＿＿＿＿＿＿＿＿＿＿＿＿＿＿＿＿＿＿＿、これまでの思い出が

走馬灯のように蘇ってきた。

❺ ＿＿＿＿＿＿＿＿＿＿＿＿＿＿＿＿＿＿＿＿＿＿＿＿＿＿＿＿。

思い出 추억　　終戦 종전　　走馬灯 주마등　　蘇る 되살아나다

にいたっては

~에 이르러서는, ~에 닥쳐서는

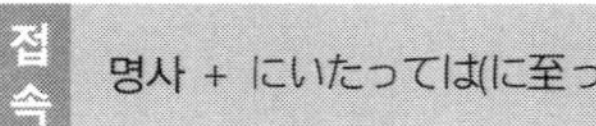 명사 + にいたっては(に至っては)

❶ 今年は農作物における台風の被害がひどかったが、米にいたっては例年になく深刻だった。

올해는 농작물에 태풍피해가 심했지만 특히 쌀에 관해서는 전례없이 심각했다.

❷ 事ここにいたっては、専門家に頼むしか方法がない。

일이 여기까지 이르러서야 전문가에게 부탁하는 수밖에 없다.

❸ 弟は運動神経抜群だが、水泳にいたっては＿＿＿＿＿＿＿＿。

❹ ＿＿＿＿＿＿＿＿＿＿＿、彼に至っては私を犯人扱いしている。

❺ ＿＿＿＿＿＿＿＿＿＿＿＿＿＿＿＿＿＿。

農作物（のうさくぶつ） 농작물　　例年（れいねん） 예년, 여느 해　　深刻（しんこく） 심각　　抜群（ばつぐん） 발군, 뛰어남

にいたる

~에 이르다, ~에 닥치다

| 접속 | 명사 / 동사의 사전형 + にいたる(に至る) |

❶ あの大臣は記者会見での失態から辞職に至った。

그 대신은 기자회견에서의 추태로 인해 사직을 하게 되었다.

❷ 二人は大学時代からつき合い始め、三十歳の今年、結婚するに至る。

두 사람은 대학시절부터 사귀기 시작해서 서른이 된 올해 결혼을 하게 되었다.

❸ 今の会社を辞めて転職＿＿＿＿＿＿＿＿＿、長い時間を要した。

❹ 労働環境をよくするため、労働組合を＿＿＿＿＿＿＿＿＿＿。

❺ ＿＿＿＿＿＿＿＿＿＿＿＿＿＿＿＿。

大臣（だいじん） 대신(장관)　失態（しったい） 실태, 볼썽사나운 모양　思い立つ（おもいたつ） 마음먹다, 결심하다
時間を要する（じかんをようする） 시간을 필요로 하다

にいたるまで

~에 이르기까지

접속　명사 / 동사의 사전형 + にいたるまで(に至るまで)

※「から」와 함께 사용되는 경우가 많다.

❶ この記事には、ある社長が起業してから上場するに至るまでの苦労話が書かれている。

이 기사에는 어떤 사장이 창업해서 상장하기까지의 고생담이 쓰여 있다.

❷ 空港でポケットの中から靴の中に至るまで、くまなく検査をされた。

공항에서 주머니 속부터 신발 안까지 구석구석 검사 받았다.

❸ 昨日河川敷で開かれたマラソン大会には、＿＿＿＿＿＿＿＿から

＿＿＿＿＿＿＿＿に至るまで約六百人もの人が参加した。

❹ 学園祭は＿＿＿＿＿＿から＿＿＿＿＿＿に至るまで、

本当にたくさんの人の協力を得て成功させることができた。

❺ ＿＿＿＿＿＿＿＿＿＿＿＿＿＿＿＿＿＿＿＿＿。

起業（きぎょう）する 창업하다　　上場（じょうじょう） 상장　　苦労話（くろうばなし） 고생담　　くまなく 구석구석까지
河川敷（かせんしき） 하천부지　　学園祭（がくえんさい） 학교축제

におかれましては

~에 관하여, 께서는

접속	명사 + におかれましては

❶ お母様**におかれましては**、お元気でなによりでございます。

어머님께서는 건강하시다니 무엇보다 다행입니다.

❷ 会長**におかれましては**、ますますご健勝のこととお喜び申し上げます。

회장님께서는 더욱 더 건승하시기 바랍니다.

❸ ＿＿＿＿＿＿＿＿＿＿＿＿＿＿＿＿＿＿**におかれましては**、

益々ご活躍のこととお喜び申し上げます。

❹ 新緑がまぶしい季節になりました。＿＿＿＿＿＿＿＿＿＿＿＿、

いかがお過ごしでしょうか。

❺ ＿＿＿＿＿＿＿＿＿＿＿＿＿＿＿＿＿＿＿＿＿＿＿。

健勝 건승	益々 더욱더	新緑 신록	まぶしい 눈부시다

にかかわる（に関わる）

~에 관계있는, 상관있는

| 접속 | 명사 + にかかわる |

① 今度の選挙はこの国の将来**にかかわる**大事な選挙だ。

이번 선거는 이 나라의 미래가 걸린 중요한 선거다.

② 人の生死**にかかわる**救命活動は常に時間との戦いである。

사람의 생사가 걸린 구명활동은 항상 시간과의 싸움이다.

③ 人のプライバシー**に関わる**問題に＿＿＿＿＿＿＿＿＿＿＿＿。

④ 将来は＿＿＿＿＿＿＿＿＿＿＿＿＿＿＿＿＿仕事に就きたい。

⑤ ＿＿＿＿＿＿＿＿＿＿＿＿＿＿＿＿＿＿＿＿。

生死 생사　　救命 구명　　仕事に就く 취직하다

にかこつけて

~을 핑계로, ~을 구실로

접속 | 명사 + にかこつけて

❶ うちの夫は仕事にかこつけて家事も育児も何もかも私に任せている。

우리 남편은 일을 핑계로 집안일도 육아도 전부 나에게 맡기고 있다.

❷ 父の誕生日にかこつけて、家族みんなで贅沢な食事をした。

아버지 생신을 구실로 가족 모두가 호화로운 식사를 했다.

❸ エイプリルフールにかこつけて＿＿＿＿＿＿＿＿＿＿＿＿＿＿＿＿＿＿。

❹ ＿＿＿＿＿＿＿＿＿＿＿＿＿＿＿＿＿＿＿＿＿にかこつけて温泉に一泊し、

羽を伸ばしてきた。

❺ ＿＿＿＿＿＿＿＿＿＿＿＿＿＿＿＿＿＿＿＿＿＿＿＿＿＿＿＿＿＿＿＿。

家事 가사　何もかも 모두, 전부　育児 육아　贅沢 호화스러움, 사치
エイプリルフール(April Fool) 만우절　羽を伸ばす 자유롭게 즐기다

にかたくない

~하기 어렵지 않다

접속	명사 + にかたくない 동사의 사전형 + にかたくない

❶ 子育てをしながら定年まで働き続けた母の苦労は、想像にかたくない。

아이를 키우면서 정년까지 계속 일한 어머니의 고생은 안 봐도 알 수 있다.

❷ 震災で被害にあった人たちに悲しみは察するにかたくない。

지진 때문에 피해를 입은 사람들의 슬픔은 추측하기 어렵지 않다.

❸ ＿＿＿＿＿＿＿＿＿＿＿＿＿＿＿＿＿心情は想像にかたくない。

❹ ＿＿＿＿＿＿＿＿＿の喜びは＿＿＿＿＿＿にかたくない。

❺ ＿＿＿＿＿＿＿＿＿＿＿＿＿＿＿＿＿＿＿＿＿＿＿＿＿。

子育て 아이를 기르는 일, 육아	震災 지진으로 인한 재해
察する 미루어 알다	心情 심정, 마음

にかまけて

~에 얽매여, ~에 빠져서

 명사 + にかまけて

※ 문장의 후반부는 부정표현(~ない)이 오는 경우가 많다.

❶ 最近は忙しさ**にかまけて**まったく運動をしていない。

최근에는 너무 바빠서 전혀 운동하지 않고 있다.

❷ うちの子供は一日中ゲーム**にかまけて**、ちっとも勉強しようと もしない。

우리 아이는 하루 종일 게임에 빠져서 공부를 전혀 하려고 하지 않는다.

❸ 遊び**にかまけて**＿＿＿＿＿＿＿＿＿＿＿＿＿＿＿＿＿＿＿＿＿。

❹ このところ＿＿＿＿＿＿＿＿＿＿＿＿＿＿＿＿＿＿＿＿＿＿＿＿

夫婦の会話が少なくなってしまった。

❺ ＿＿＿＿＿＿＿＿＿＿＿＿＿＿＿＿＿＿＿＿＿＿＿＿＿＿＿＿。

にこしたことはない

~보다 좋은 것은 없다, 가장 좋다

접속	명사 + であるにこしたことはない な형용사의 어간 + (である)にこしたことはない い형용사 / 동사의 사전형 + にこしたことはない

❶ 音大を受験するなら、絶対音感であるにこしたことはない。

　음대를 지원한다면 절대음감 보다 좋은 것은 없다.

❷ 事務職に就くなら、パソコンは得意にこしたことはない。

　사무직으로 일하려면 컴퓨터를 잘 다루는 것이 최상이다.

❸ 旅行かばんは大きいにこしたことはない。

　여행 가방은 큰 것이 최고다.

❹ お盆休みの航空券は早めに予約するにこしたことはない。

　추석연휴 항공권은 일찌감치 예약해 두는 것이 최고다.

❺ 大きな手術をするのであれば、＿＿＿＿＿＿＿＿＿＿＿＿＿

　であるにこしたことはない。

❻ リーダーは、ものの考え方が＿＿＿＿＿＿＿＿＿＿＿＿＿。

❼ ＿＿＿＿＿＿＿＿＿＿＿は早いにこしたことはない。

❽ ＿＿＿＿＿＿＿＿＿＿＿はあるにこしたことはない。

❾ ＿＿＿＿＿＿＿＿＿＿＿＿＿＿＿＿＿＿＿＿＿＿。

にしたって①

~한다면, ~해봤자, ~의 경우라도

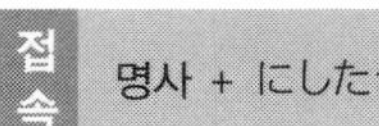
명사 + にしたって

❶ こんな不便な所に住んでいたら、買い物ひとつ**にしたって**大変だ。

이런 불편한 곳에 살고 있으면 쇼핑 하나 하는 것도 큰일이다.

❷ デジタルカメラ**にしたって**いろいろな種類があるから、よく選んでから買った方がいい。

디지털 카메라도 여러 종류가 있으니까 잘 골라서 사는 편이 좋다.

❸ デート**にしたって**、＿＿＿＿＿＿＿＿＿＿＿＿＿＿＿＿。

❹ ＿＿＿＿＿＿＿＿＿＿＿＿＿＿＿**にしたって**、給料だけでなく

その会社の将来性も考えなければならない。

❺ ＿＿＿＿＿＿＿＿＿＿＿＿＿＿＿＿＿＿＿＿＿。

にしたって②

~한다면, ~해봤자, ~의 경우라도

 **접속** 동사의 사전형 + にしたって

❶ いくら仕事を頑張る**にしたって**、無理をして体を壊したら意味がない。

아무리 일을 열심히 한다 해도 무리해서 건강을 해치면 의미가 없다.

❷ ツアーで海外旅行に行く**にしたって**、十分注意して行動しなければならない。

투어로 해외여행 간다면 충분히 주의해서 행동해야 한다.

❸ 小さい子供がいたら、ちょっとスーパーに行く**にしたって**

____。

❹ _______________________________適度に運動するならいいが、

食事を抜くのは良くない。

❺ ____。

からだ こわ
体を壊す 건강을 해치다　　適度に 적당히, 알맞게　　食事を抜く 식사를 거르다

にして①

~에, ~로서　　中上級 일본어문형

 **접속** 명사 + にして

※「명사 + にしてようやく」「명사 + にして初めて」와 같이 사용되는 경우가 많다.

❶ 中学のころから野球をしているが、高校三年生にして初めてレギュラーに入ることができた。

중학교 때부터 야구를 하고 있는데 고3때 처음으로 정규멤버에 들어갈 수 있었다.

❷ 連休三日目にしてようやく雨が上がった。

연휴 3일째에야 겨우 비가 그쳤다.

❸ 彼女は医者にして有名な作家でもある。

그녀는 의사이자 유명한 작가이기도 하다.

❹ 彼は学生にしてベンチャー企業を立ち上げた。

그는 학생 신분으로 벤처 기업을 세웠다.

❺ 彼女は＿＿＿＿＿＿＿＿＿＿＿＿＿＿＿＿家庭では二児の母である。

❻ あの歌手は＿＿＿＿＿＿＿＿＿＿＿＿＿＿＿＿＿歳にして

＿＿＿＿＿＿＿＿＿＿＿＿＿＿＿ことで知られている。

❼ ＿＿＿＿＿＿＿＿＿＿＿＿＿＿＿にして初めてアルバムの

売り上げが二十万枚を越えた。

❽ 入社十年目にしてようやく＿＿＿＿＿＿＿＿＿＿＿＿＿＿。

❾ ＿＿＿＿＿＿＿＿＿＿＿＿＿＿＿＿＿＿＿＿＿＿＿＿＿。

にして②

~에, ~로서　　중상급 일본어문형

접속　명사 / 부사 + にして

❶ うっかり口にした一言のせいで、一瞬にして同僚との信頼関係が崩れてしまった。

무심코 던진 말 한 마디 때문에 한순간에 동료들과의 신뢰관계가 무너졌다.

❷ 今朝、震度六の強い地震があったが、幸いにして負傷者は一人も出なかった。

오늘 아침 진도 6의 큰 지진이 있었지만 다행히 부상자는 한 명도 나오지 않았다.

❸ 海外で＿＿＿＿＿＿＿＿＿＿＿＿＿＿＿＿＿＿＿＿盗難に遭い、

現金とパスポートを盗まれた。

❹ 人は生まれながらにして＿＿＿＿＿＿＿＿＿＿＿＿＿＿。

❺ ＿＿＿＿＿＿＿＿＿＿＿＿＿＿＿＿＿＿＿＿＿＿＿＿。

口にする 말하다　　一瞬に 한순간에　　崩れる 무너지다
盗難に遭う 도난을 당하다

にそくして（に即して）　　　~에 따라

명사 + にそくして

※ 명사를 수식할 때는 「명사 + にそくした + 명사」의 형태로 사용한다.

 今求められているのは、現地の実情にそくした支援だ。

지금 요구되는 것은 현지 실정에 맞는 지원이다.

❷ すべての労働者は労働基準法にそくした雇用環境を保障されな

ければならない。

모든 노동자는 노동기준법에 따라 고용환경을 보장받아야 한다.

❸ メディアは________________に即した報道をするべきである。

❹ 年金制度は実態に即した________________________。

❺ ____。

もと 求める 요구하다	じつじょう 実情 실정	ろうどうしゃ 労働者 노동자	こよう 雇用 고용	

にたえない

차마 ~할 수 없다　　중상급 일본어문형

接続　동사의 사전형 + にたえない

※ 동사로는 「見る・読む・聞く・正視する」 등이 주로 사용된다.

❶ 彼女は会うたびに会社の愚痴をこぼしてばかりいる。全く聞く**にたえない**。

그녀는 만날 때마다 회사에 대한 험담만 한다. 차마 듣고 있을 수가 없다.

❷ あの大根役者の演技は見る**にたえない**。

저 배우의 서툰 연기는 차마 눈을 뜨고 볼 수 없다.

❸ 応援している野球チームの試合を見に来たが、試合開始から大差でリードされてしまった。まったく＿＿＿＿＿＿＿＿＿＿＿。

❹ 最近のインターネットには、＿＿＿＿＿＿＿＿＿＿＿

書き込みが多く、不愉快だ。

❺ ＿＿＿＿＿＿＿＿＿＿＿＿＿＿＿＿＿＿。

愚痴をこぼす 푸념하다, 험담하다　　大根役者 연기가 서투른 배우
大差 큰 차이　　書き込み 글씨를 써 넣음

にたえる

~할 가치가 있다

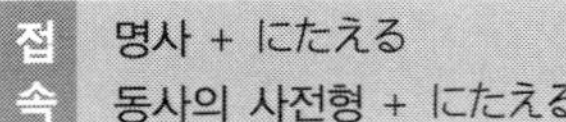
명사 + にたえる
동사의 사전형 + にたえる

❶ 大学の学園祭で見たジャズ同好会の演奏は、なかなか鑑賞**にたえる**ものだった。

대학교 축제에서 본 재즈 동호회의 연주는 꽤 감상할 만한 것이었다.

❷ この論文は学生が書いたものだが、読む**にたえる**出来だ。

이 논문은 학생이 쓴 것이지만 읽을 만한 가치가 있는 것이다.

❸ この作品はファンだけでなく専門家の＿＿＿＿＿＿＿＿＿＿＿＿

にもたえる出来だ。

❹ テレビ局には＿＿＿＿＿＿＿＿＿＿＿＿＿＿＿**にたえる**

番組をどんどん作ってほしい。

❺ ＿＿＿＿＿＿＿＿＿＿＿＿＿＿＿＿＿＿＿＿＿＿。

学園祭 학교 축제	同好会 동호회	出来 작품, 결실	番組 프로그램

にたりない（に足りない）

~할 필요 없다　　중상급 일본어문형

 접속 동사의 사전형 + にたりない

❶ そんな話は語るに足りない。

그런 이야기는 말할 가치도 없다.

❷ とるに足りないことでいつまでも悩むな。

하찮은 일로 언제까지나 고민하지마.

❸ そんな奴は威張っているだけで、＿＿＿＿＿＿＿＿に足りない。

❹ ＿＿＿＿＿＿＿＿＿＿＿＿＿＿＿＿＿＿＿ことなど、驚くに足りない。

❺ ＿＿＿＿＿＿＿＿＿＿＿＿＿＿＿＿＿＿＿＿＿＿＿＿＿＿＿。

奴 녀석, 놈　　威張る 뽐내다, 으스대다　　驚く 놀라다

にたる

~에 충분하다

 **접속** 동사의 사전형 + にたる + 명사

---

❶ 彼の業績は尊敬する**に足る**ものだ。

　　그의 업적은 존경할만한 것이다.

❷ 先生の話は聞く**に足る**。

　　선생님의 말씀은 들을 가치가 있다.

❸ 彼女は＿＿＿＿＿＿＿＿＿＿＿＿＿＿＿＿＿＿**に足る**人物だ。

❹ 語る**に足る**＿＿＿＿＿＿＿＿＿＿＿＿＿＿＿＿＿＿＿。

❺ ＿＿＿＿＿＿＿＿＿＿＿＿＿＿＿＿＿＿＿＿＿＿＿＿＿。

業績 업적　　人物 인물　　語る 말하다

につき

~에 있어서는, ~에 대하여   일본어문형

접속   명사 + につき

❶ 工事中につき通り抜けできません。

공사 중에는 지나갈 수 없습니다.

❷ この商品は好評につき増産が決定された。

이 상품은 호평으로 생산을 늘리기로 결정되었다.

❸ ＿＿＿＿＿＿＿＿＿＿＿につき、アルコールも煙草も控えている。

❹ 現在調査中につき、＿＿＿＿＿＿＿＿＿＿＿＿＿＿＿＿＿＿。

❺ ＿＿＿＿＿＿＿＿＿＿＿＿＿＿＿＿＿＿＿＿＿＿＿。

通り抜け (골목, 길 등) 빠져 나감   好評 호평   増産 증산, 생산을 늘림

煙草 담배   控える 줄이다

にとどまらず

~뿐 아니라

 接続　명사 + にとどまらず

❶ その俳優は芸能活動にとどまらず、飲食店の経営でも成功している。

그 배우는 예능활동 뿐만 아니라 음식점 경영도 성공했다.

❷ 教育は一人一人の社会的自立にとどまらず、その国の将来を左右するものでもある。

교육은 개개인의 사회적 자립뿐만 아니라 그 나라의 장래를 좌우하는 것이기도 하다.

❸ A社は＿＿＿＿＿＿＿にとどまらず＿＿＿＿＿＿＿

の市場にも進出を始めた。

❹ 音楽が好きな彼女はバイオリンにとどまらず、＿＿＿＿＿。

❺ ＿＿＿＿＿＿＿＿＿＿＿＿＿＿＿＿＿＿＿。

俳優 배우	芸能 예능	飲食店 음식점	左右する 좌지우지하다
市場 시장			

になく

~와는 달리　　중상급 일본어문형

접속　명사 + に(も)なく

❶ 今晩の食卓はいつ**になく**贅沢だった。

오늘저녁 메뉴는 평소와는 달리 호화로웠다.

❷ この池では、例年**になく**多くの白鳥が飛来している。

이 연못에는 평소와는 달리 많은 백조가 날고 있다.

❸ いつも帰りが遅い息子が、今日は例**になく**＿＿＿＿＿＿＿。

❹ ＿＿＿＿＿＿＿＿＿＿＿＿＿＿＿＿＿＿＿彼が、柄**にもなく**

真面目な話をするので驚いた。

❺ ＿＿＿＿＿＿＿＿＿＿＿＿＿＿＿＿＿＿＿＿＿。

白鳥 백조　　飛来する 날아오다　　柄 제격, 분수　　真面目だ 진지하다, 성실하다

にはあたらない

~할 것까지는 없다

 **접속** 　동사의 사전형 + にはあたらない

※ 주로 「驚く・嘆く・非難する」 등의 동사에 붙어서 쓰인다.

❶ 若者の活字離れが広がった今、携帯小説の人気ぶりも驚く**には
あたらない**。

젊은이들이 활자를 점점 멀리해 가는 지금 휴대폰 소설의 인기는 놀랄 것까지는 없다.

❷ 一度失敗したぐらいで嘆く**にはあたらない**。

한 번 실패한 것으로 슬퍼할 것까지는 없다.

❸ ＿＿＿＿＿＿＿＿＿＿＿＿＿＿＿＿、驚く**にはあたらない**。

❹ オリンピック代表選手の成績が振るわなかったからとって、

選手を＿＿＿＿＿＿＿＿＿＿＿＿＿＿＿＿＿＿。

❺ ＿＿＿＿＿＿＿＿＿＿＿＿＿＿＿＿＿＿＿＿＿＿。

活字離れ（かつじばなれ） 활자를 멀리함　　嘆く（なげく） 한탄하다, 슬퍼하다
成績が振るう（せいせきがふるう） 성적이 오르다

にひきかえ

~인 반면　　　중상급 일본어문형

접속　명사 + にひきかえ

❶ 兄にひきかえ妹は子供のころから家事をよく手伝う。

　오빠와는 달리 여동생은 어릴 때부터 집안일을 잘 돕는다.

❷ 冷夏だった昨年にひきかえ、今年は豊作だった。

　기온이 낮았던 작년 여름에 비해 올해는 풍년이었다.

❸ ＿＿＿＿＿＿＿＿＿＿＿＿＿にひきかえ、＿＿＿＿＿＿＿＿＿＿

　はあまりにも難しくて手が出なかった。

❹ 気温が三十五度まで上がった昨日にひきかえ、＿＿＿＿＿＿。

❺ ＿＿＿＿＿＿＿＿＿＿＿＿＿＿＿＿＿＿＿＿＿＿＿。

冷夏(れいか) 평년보다 기온이 낮은 여름　　豊作(ほうさく) 풍작
手が出(で)ない ~할 엄두가 나지 않는다

にもまして ~보다 더

접속 명사 + にもまして

❶ 今年の夏は例年にもまして熱帯夜が続いている。

올해 여름은 예년보다 더 열대야가 오래 지속되고 있다.

❷ 子供は何にもまして大切な存在だ。

아이는 그 무엇보다도 소중한 존재이다.

❸ 日本はもともと物価が高い方だが、最近は以前にもまして

____。

❹ 何にもまして大切なのは、__________________________ことだ。

❺ ____。

熱帯夜（ねったいや） 열대야　　物価（ぶっか） 물가　　以前（いぜん） 이전

ぬく

~를 해내다

접속　동사의 ます형 + ぬく

❶ 長距離は苦手だったが、友達の声援に励まされ、最後まで走り**ぬいた**。

장거리는 잘하지 못하지만 친구들의 응원에 힘입어 끝까지 뛰었다.

❷ 彼女はオーディションを勝ち**抜き**、映画の主役に抜擢された。

그녀는 오디션을 통과하여 영화 주연으로 발탁되었다.

❸ せっかくここまで頑張ってきたのだから、最後まで＿＿＿＿＿＿＿＿。

❹ 仕事は＿＿＿＿＿＿＿＿＿＿＿＿が、退職するまで耐え**抜いた**。

❺ ＿＿＿＿＿＿＿＿＿＿＿＿＿＿＿＿＿＿＿＿＿。

苦手（にがて） 서툴다　声援（せいえん） 성원　励む（はげむ） 노력하다, 힘쓰다　主役（しゅやく） 주역
抜擢（ばってき）する 발탁하다

の~ないのって

~하면서 / 요란법석을 떠는 모습

접속	い형용사의 사전형 + の + い형용사의 ない형 + のって
	동사의 사전형 + の + 동사의 ない형 + のって

❶ 初めて韓国料理を食べたときは、辛いの辛くないのって涙が出るほどだった。

처음 한국요리를 먹었을 때는 너무 매워 눈물이 날 정도였다.

❷ 心配性の彼は、ただの擦り傷を医者に見せるの見せないのって大騒ぎしている。

겁쟁이인 그는 가벼운 찰과상인데 병원에 가네 마네하며 법석을 떨고 있다.

❸ A：経済学の授業どうだった?

B：＿＿＿＿＿＿＿＿＿の＿＿＿＿＿くないのって、

さっぱり理解できなかったよ。

❹ 昨日は三歳の息子が遊園地に＿＿＿＿＿＿＿＿＿＿＿の

＿＿＿＿＿＿＿＿＿のって散々わめいて大変だった。

❺ ＿＿＿＿＿＿＿＿＿＿＿＿＿＿＿＿＿＿。

心配性 걱정을 많이 하는 성격　　わめく 큰 소리로 외치다　　擦り傷 찰과상
大騒ぎをする 큰 소동을 벌이다

のみ

~일 뿐

접속　동사의 사전형 + のみ

❶ 役者は揃った。あとは優勝までの道のりを突き進む**のみ**だ。

인원은 모두 갖추어졌다. 이제는 우승까지 최선을 다할 뿐이다.

❷ 会社を辞めたいが、頭で考える**のみ**でなかなか行動には移せない。

회사를 그만 두고 싶지만 머리로만 생각할 뿐 행동으로 옮기기는 쉽지 않다.

❸ 原稿の締め切りが迫っているが、気持ちが焦る**のみ**で＿＿＿＿＿

＿＿＿＿＿＿＿＿＿＿＿＿＿＿＿＿＿＿＿＿＿＿＿＿＿＿＿＿。

❹ やれることは全てやった。後は結果を＿＿＿＿＿＿＿＿＿＿＿＿＿。

❺ ＿＿＿＿＿＿＿＿＿＿＿＿＿＿＿＿＿＿＿＿＿＿＿＿＿＿＿＿＿。

道のり 거리, 여정　　突き進む 힘차게 나아가다, 돌진하다
締め切りが迫る 마감일이 다가오다　　気持ちが焦る 마음이 조급해지다

のみならず

~뿐만 아니라

명사+のみならず + 명사 + も
な형용사의 어간 + であるのみならず
い형용사의 사전형 + のみならず
동사의 보통형 + のみならず + 명사 + も

❶ この歌手は韓国のみならず海外でも人気がある。

이 가수는 한국뿐 아니라 해외에서도 인기가 많다.

❷ 彼女は成績が優秀であるのみならず、人望も厚い。

그녀는 성적이 우수할 뿐만 아니라 인망도 두텁다.

❸ 今日は寒いのみならず風が強くもある。

오늘은 날씨가 추울 뿐 아니라 바람도 세다.

❹ 職を失ったのみならず、借金の返済にも追われている。

직장을 잃어버렸을 뿐만 아니라 빚쟁이들에게도 쫓겨 다니고 있다.

❺ 運動は＿＿＿＿＿＿＿＿＿＿＿＿＿＿＿＿＿のみならず、

＿＿＿＿＿＿＿＿＿＿＿にも効果がある。

❻ 彼は純粋である**のみならず**、＿＿＿＿＿＿＿＿＿＿＿＿＿。

❼ うちの猫は＿＿＿＿＿＿＿＿**のみならず**、とても利口だ。

❽ 外国語を学ぶということは単に外国語が話せる**のみならず**、

＿＿＿＿＿＿＿＿＿＿＿＿＿＿＿＿＿＿＿。

❾ ＿＿＿＿＿＿＿＿＿＿＿＿＿＿＿＿＿＿＿。

人望 인망	職を失う 직장을 잃다	借金の返済 빚을 갚음	純粋 순수

はおろか

~은 말할 것도 없고

 **접속** 명사 + はおろか

※ 「AはおろかBさえ/も/すら~ない」와 같이 후반부에 부정표현이 오는 경우가 많다.

❶ 私は平日はおろか、週末さえほとんど遊びに出かけない。

나는 평일은 말할 것도 없고 주말에도 거의 놀러 나가지 않는다.

❷ 貯金はおろか、当面の生活費もない。

저금은 말할 것도 없고 지금 당장의 생활비도 없다.

❸ 彼ときたら、___________、

カタカナも読めない。

❹ 一昔前は、贅沢はおろか、___________。

❺ ___________。

平日 평일	貯金 저금	当面 당면	一昔 한 옛날

ばかりだ

~할 뿐이다

접속　동사의 사전형 + ばかりだ

❶ 世界的な不況で、将来の不安は増す**ばかりだ**。

전 세계적인 불황으로 인해 미래의 불안은 더해갈 뿐이다.

❷ 先月起きたその事件は決定的な証拠がなく、謎は深まる**ばかりだ**。

지난 달에 일어났던 그 사건은 결정적인 증거가 없어서 미궁으로 빠져만 가고 있다.

❸ 国会議員の不正に対し、批判は＿＿＿＿＿＿＿＿＿＿＿＿＿＿＿＿。

❹ ＿＿＿＿＿＿＿＿＿＿＿＿＿＿＿悪化していく**ばかりだった**。

❺ ＿＿＿＿＿＿＿＿＿＿＿＿＿＿＿＿＿＿＿＿＿＿＿。

増す 늘다　　謎 의문, 수수께끼　　深まる 깊어지다　　不正 부정
悪化する 악화되다

ばかりの

~만큼, ~듯

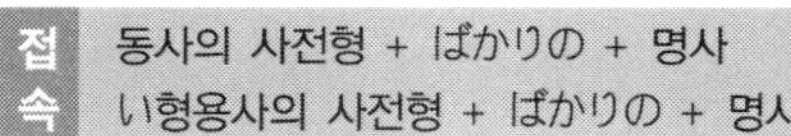

접속	동사의 사전형 + ばかりの + 명사
	い형용사의 사전형 + ばかりの + 명사

❶ 目を見張る**ばかりの**壮大な景色を茫然と眺めていた。

눈이 휘둥그레질 만큼 장대한 경치를 망연히 바라보고 있다.

❷ ウェディングドレスに身を包んだ彼女の姿は、輝く**ばかりの**美しさだった。

웨딩드레스를 입은 그녀의 모습은 빛이 나듯 아름다웠다.

❸ 裏山でまぶしい**ばかりの**新緑を＿＿＿＿＿＿＿＿＿＿＿＿＿＿。

❹ 窓からは息を呑む**ばかりの**眺めが＿＿＿＿＿＿＿＿＿＿＿＿＿＿。

❺ ＿＿＿＿＿＿＿＿＿＿＿＿＿＿＿＿＿＿＿＿＿＿＿＿＿＿。

目を見張る 눈을 크게 뜨다　壮大 장대, 웅대함　茫然 망연
眺める 바라보다　裏山 뒷산　息を呑む (놀라서) 숨을 삼키다, 숨을 죽이다

んばかり

~할 듯한

 동사의 ない형 + んばかり

❶ 会場は割れんばかりの拍手に包まれた。

회의장은 떠나갈 듯한 큰 박수로 가득 찼다.

❷ 犬のポチは、散歩に行きたいと言わんばかりにワンワンと吠えた。

애완견 포치는 산책이라도 가자는 듯 멍멍 짖어댔다.

❸ 私は彼女に対する溢れんばかりの思いを________________。

❹ うちの子は泣かんばかりに________________________。

❺ ________________________________。

吠える (개, 짐승 등이) 짖다, 으르렁거리다　　溢れる 흘러넘치다

ばかりに①

~해서

접속	동사의 たい형 + ばかりに ほしい + ばかりに

❶ ロシアに行きたい**ばかりに**、必死になってロシア語の勉強をしてきた。

러시아로 가고 싶은 마음에 필사적으로 러시아어를 공부했다.

❷ お金がほしい**ばかりに**殺人を犯すなんて、到底許せないことだ。

돈이 필요하다고 살인을 저지르다니 도저히 용서 할 수 없는 일이다.

❸ 主人に会いたい**ばかりに**、その犬は＿＿＿＿＿＿＿＿＿＿。

❹ ＿＿＿＿＿＿＿＿＿＿ほしい**ばかりに**水商売までを始めた。

❺ ＿＿＿＿＿＿＿＿＿＿＿＿＿＿＿＿＿＿＿。

必死になる 필사적이다　殺人を犯す 살인을 저지르다　到底 도저히
主人 주인　水商売 물장사, 접객업

ばかりに②

~해서

 **접속** い형용사의 사전형 / 동사의 보통형 + ばかりに

❶ 景気が悪い**ばかりに**、今年の就職率は過去最低だった。

경기가 나빠져 올해 취업률은 지금까지 최저였다.

❷ 彼女が気にしていることを口にした**ばかりに**、それ以来険悪な
仲になってしまった。

그녀가 마음에 두고 있는 것을 말해버린 탓에 그 이후로 사이가 아주 나빠졌다.

❸ 人がいい**ばかりに**、＿＿＿＿＿＿＿＿＿＿＿＿＿＿＿＿＿＿。

❹ ＿＿＿＿＿＿＿＿＿＿＿＿＿＿＿、とんでもないミスをしてしまった。

❺ ＿＿＿＿＿＿＿＿＿＿＿＿＿＿＿＿＿＿＿＿＿＿＿＿＿＿。

気にする 마음에 두다　口にする 말하다, 입에 담다
険悪な仲 아주 안 좋은 사이　ミスをする 실수를 하다

ばかりも(は)いられない ~할 수만은 없다

 **접속** 동사의 て형 + ばかりも(は)いられない

※ 「笑う·泣く·喜ぶ·傍観する·安心する」 등의 감정이나 태도를 나타내는 동사와 함께 사용되는 경우가 많다.

❶ 就職はまだ先のことだからといって、のん気に構えて**ばかりも**いられない。

취직이 아직 먼 일이라고해서 느긋하게 있을 수만은 없다.

❷ 辛いことがあっても、泣いて**ばかりは**いられない。

힘든 일이 있다고 해도 울고만 있을 수 없다.

❸ 家事もたまっているし、体調が悪いからといって＿＿＿＿＿＿＿＿＿。

❹ ＿＿＿＿＿＿＿＿＿＿＿＿＿＿＿喜んで**ばかりも**いられない。

❺ ＿＿＿＿＿＿＿＿＿＿＿＿＿＿＿＿＿＿＿＿＿。

のん気に 느긋하게, 무사태평하게   構える 태도를 취하다   たまる 쌓이다, 말리다
体調が悪い 몸상태가 안좋다

ばこそ

~이어야, ~이기에 　中上級 일본어문형

<table>
<tr><td>접
속</td><td>명사 / な형용사의 어간 + であればこそ
い형용사의 가정형(けれ) + ばこそ
동사의 가정형 + ばこそ</td></tr>
</table>

❶ 辛いことを一緒に乗り越えてきた仲間であれ**ばこそ**、心から信頼できるのだ。

힘든 일을 같이 극복해 온 사이이기에 진심으로 신뢰할 수 있다.

❷ 家の土台となる柱が丈夫であれ**ばこそ**、地震にも耐えうる。

집의 토대가 되는 기둥이 튼튼해야 지진에도 견딜 수 있다.

❸ 語学の勉強は楽しけれ**ばこそ**、長く続けられるものだ。

어학 공부는 재미있어야 오래 계속 할 수 있는 것이다.

❹ 両親はあなたのことを思え**ばこそ**、心配してついきつく叱るのだ。

부모님은 너를 생각하여 걱정되어서 그만 심하게 혼을 내는 것이다.

❺ 安い食堂であれ**ばこそ**、＿＿＿＿＿＿＿＿＿＿＿＿＿＿＿＿＿＿＿。

❻ ＿＿＿＿＿＿＿＿＿＿＿＿であれ**ばこそ**、毎日好きなものを食べ、

好きなことをして生きていけるのだ。

❼ 人々の関心が高けれ**ばこそ**、このイベントは＿＿＿＿＿＿＿。

❽ 材料にこだわれ**ばこそ**、＿＿＿＿＿＿＿＿＿＿＿＿＿＿＿＿＿。

❾ ＿＿＿＿＿＿＿＿＿＿＿＿＿＿＿＿＿＿＿＿＿＿＿＿＿＿＿＿＿。

乗^のり越^こえる 극복하다　仲間^{なかま} 사이　土台^{どだい} 토대　耐^たえる 견디다
きつく 심하게, 엄하게　盛^もり上^あがる (기분, 분위기 등이) 고조되다

はさておき

~은 어찌되었든, ~은 둘째 치고

<table>
<tr><td>접
속</td><td>명사 + はさておき
な형용사의 어간 + かはさておき
い형용사의 보통형 / 동사의 보통형 + かはさておき</td></tr>
</table>

❶ 理由はさておき、最近フィットネスクラブに通い始めた。

이유는 어찌되었든 최근에 헬스장에 다니기 시작했다.

❷ どれが一番重要かはさておき、一通りの仕事を終わらせなければならない。

뭐가 가장 중요한지는 둘째 치고 우선은 일을 끝내지 않으면 안 된다.

❸ 昔の方がよかったかはさておき、今の仕事にも満足している。

옛날이 더 좋았건 어떻건 지금 하는 일에 만족해하고 있다.

❹ 明日晴れるかはさておき、バーベキューの準備は全て揃った。

내일 날씨가 맑건 어떻건 바비큐 준비는 전부 되었다.

❺ 事の真偽はさておき、＿＿＿＿＿＿＿＿＿＿＿＿＿＿＿＿＿＿＿＿。

❻ ＿＿＿＿＿＿＿＿＿＿＿＿＿＿＿＿＿＿＿＿＿、海外では十分過ぎるほど

身の回りに注意を払うべきだ。

❼ ＿＿＿＿＿＿＿＿＿＿＿＿＿＿＿、今の仕事にやりがいは感じている。

❽ 役立つかはさておき、＿＿＿＿＿＿＿＿＿＿＿＿＿＿＿＿＿＿＿。

❾ ＿＿＿＿＿＿＿＿＿＿＿＿＿＿＿＿＿＿＿＿＿＿＿＿＿＿＿＿＿＿。

일본어능력시험을 대비한

ばそれまでだ

~하면 그만이다　　중상급 일본어문형

접속 동사의 가정형 + それまでだ

① どんなにがんばって勉強しても、希望の大学に落ちれ**ばそれまでだ**。

아무리 열심히 공부해도 희망하는 대학에 떨어지면 그만이다.

② 地位と名誉を手に入れても、病気になったら**それまでだ**。

지위와 명예를 얻어도 병에 걸리면 그만이다.

③ いくら才能があっても、＿＿＿＿＿＿＿＿＿＿＿＿＿＿＿＿＿。

④ ＿＿＿＿＿＿＿＿＿＿＿＿使いこなせなけれ**ばそれまでだ**。

⑤ ＿＿＿＿＿＿＿＿＿＿＿＿＿＿＿＿＿＿＿＿＿＿＿。

名誉（めいよ） 명예　　手に入れる（てにいれる） 얻다, 손에 넣다
使いこなす（つかいこなす） 능숙하게 사용하다, 자유자재로 구사하다

っぱなし(放し)にする　　~한 채로 두다

접속 동사의 ます형 + っぱなし(放し)にする

 水を出しっ放しにしてはいけません。

물을 틀어놓은 채로 두면 안 됩니다.

❷ おもちゃで遊んだら散らかしっぱなしにしないで、ちゃんと片付けなさい。

장난감을 가지고 논 다음에는 흩어 놓지 말고 깨끗하게 정리해라.

❸ 寝るときは電気を＿＿＿＿＿＿にしないで消してから寝ること。

❹ 姉は窓を＿＿＿＿＿＿＿＿＿＿で出かけてしまった。

❺ ＿＿＿＿＿＿＿＿＿＿＿＿＿＿。

散らかす 흩어 놓다, 어지르다　　ちゃんと 제대로　　片付ける 정리하다, 처리하다

っぱなしだ

~한 채, ~하기만 할 뿐이다

접속	동사의 ます형 + っぱなしだ

❶ あの力士は最近不調で、ずっと負けっぱなしだ。

저 씨름선수는 최근 부진해서 계속 지고만 있다.

❷ 最近ミスばかりで、先輩に怒られっぱなしだ。

최근에 실수를 많이 해서 선배에게 꾸중만 듣고 있다.

❸ 朝から晩まで＿＿＿＿＿＿＿＿＿＿＿＿＿で腰が痛い。

❹ 二ヶ月になる娘は一晩中＿＿＿＿＿＿＿＿＿＿＿だった。

❺ ＿＿＿＿＿＿＿＿＿＿＿＿＿＿＿＿＿＿。

力士 씨름 선수	不調だ 상태가 좋지 않다	一晩中 밤새, 저녁 내내

はもとより

~뿐 아니라, ~는 물론

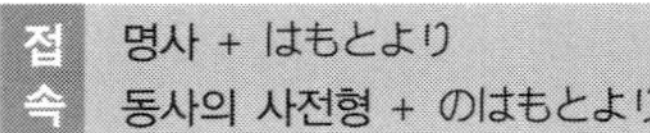

❶ 国内**はもとより**、海外にも発送できる。

국내 뿐 아니라 해외로도 발송할 수 있다.

❷ 放課後皆で練習するの**はもとより**、自主練習もするように言われた。

방과 후 모두 함께 연습할 뿐만 아니라 개별적으로도 연습하라고 했다.

❸ このテーマパークは、子供**はもとより**＿＿＿＿＿＿＿＿＿＿＿＿。

❹ 彼は、脚本を書くの**はもとより**、＿＿＿＿＿＿＿＿＿＿＿＿＿。

❺ ＿＿＿＿＿＿＿＿＿＿＿＿＿＿＿＿＿＿＿＿＿＿＿＿＿＿。

発送する 발송하다　　放課後 방과 후
自主 개별적으로 하는 것, 자체적으로 하는 것　　脚本 각본

べからざる

~해서는 안 될

중상급 일본어문형

접속 | 동사의 사전형 + べからざる

❶ 国会議員たるものが賄賂を受け取るなど、許すべからざること
だ。

국회의원이나 되는 사람이 뇌물을 받는 것은 용서할 수 없는 일이다.

❷ 彼は私達の組織において欠くべからざる存在だ。

그는 우리 조직에 있어서 없어서는 안 되는 존재이다.

❸ ＿＿＿＿＿＿＿＿＿＿＿＿＿＿＿など、あり得べからざる行為だ。

❹ ＿＿＿＿＿＿＿＿＿＿＿＿＿＿＿＿忘れるべからざる人物だ。

❺ ＿＿＿＿＿＿＿＿＿＿＿＿＿＿＿＿＿＿＿＿＿＿＿。

賄賂を受け取る 뇌물을 받다　組織 조직　行為 행위

べからず
~하지 말라

 접속 | 동사의 사전형 + べからず

❶ 初心を忘れるべからず。

초심을 잊지 말라.

❷ ここから先に入るべからず。

여기부터는 들어오지 마시오. / 출입금지.

❸ 運転中は＿＿＿＿＿＿＿＿＿＿＿＿＿＿＿＿＿＿＿べからず。

❹ 常にあせらず、慎重でなければならない。何事も＿＿＿＿＿＿＿。

❺ ＿＿＿＿＿＿＿＿＿＿＿＿＿＿＿＿＿＿＿＿＿＿＿＿＿。

べく

~하고자, ~하기 위해

접속 동사의 사전형 + べく

※「する」는「す + べく」가 된다.

❶ 希望の大学に通うべく、はるばる上京してきた。

희망하는 대학을 다니기 위해 멀리서 상경했다.

❷ 新年の挨拶をすべく一年ぶりに親戚の家を訪れた。

새해 인사를 하기 위해 1년 만에 친척 집을 방문했다.

❸ 麻薬の取り締まりを＿＿＿＿＿べく、多数の警察官が派遣された。

❹ 環境問題を＿＿＿＿＿＿＿＿＿＿＿＿、サミットが開催された。

❺ ＿＿＿＿＿＿＿＿＿＿＿＿＿＿＿＿＿＿＿。

挨拶 인사　親戚 친척　訪れる 방문하다　麻薬 마약　取締り 단속
強化する 강화하다　サミット 주요선진국 수뇌회의

べくして

~할 만하여 ~하다

 접속　동사의 사전형 + べくして + 동사의 た형

❶ 彼女と私は出会うべくして出会った。

　그녀와 나는 만나기로 약속이나 한 듯 우연히 만났다.

❷ 現場の状況を見ると、この事故は起こるべくして起こったとし
か言いようがない。

　현장상황을 보면 그 사고는 일어날만한 일이 일어났다고 밖에 말할 수 없다.

❸ 人は皆生まれるべくして________________________。

❹ 私達チームの勝利は決して偶然ではない。________________のだ。

❺ ____。

出会う 우연히 만나다　　現場 현장　　勝利 승리　　決して 결코　　偶然 우연

ほかならない(ぬ)　　다름이 아닌

 ほかならない + 명사 / ほかならぬ + 명사

❶ 聴衆の心を動かしたのは、ほかならない彼女の涙だ。

　청중의 마음을 움직이게 한 것은 다름이 아닌 그녀의 눈물이다.

❷ ほかならぬ恩師の頼みなので、二つ返事で引き受けた。

　다른 누구도 아닌 은사님의 부탁이기에 두말없이 받아들였다.

❸ ＿＿＿＿＿＿＿＿＿＿＿＿＿＿＿＿＿＿＿＿＿、とても断れない。

❹ ＿＿＿＿＿＿＿＿＿＿＿＿＿＿のは、ほかならぬあなただった。

❺ ＿＿＿＿＿＿＿＿＿＿＿＿＿＿＿＿＿＿＿＿＿＿＿。

聴衆 청중　　恩師 은사　　二つ返事で引き受ける 흔쾌히 승낙하다

ほど

~만큼, ~정도

| 접속 | な형용사의 연체형(な) + ほどだ
い형용사의 보통형 / 동사의 보통형 + ほどだ |

❶ 今年で八十になる祖母は、私や母よりも元気なほどだ。

올해로 80세가 되는 할머니는 나와 엄마보다 더 건강하실 정도이다.

❷ 世間の企業情報システムに対する無理解は恐ろしいほどだ。

세간의 기업 정보 시스템에 대한 무지는 무서울 정도이다.

❸ 彼の旅好きはとどまるところを知らず、ときには半年以上も家を

空けるほどです。

그가 여행을 좋아하는 마음은 멈출 줄 모르고, 어떨 때는 반년이상이나 집을 비울 정도
입니다.

❹ 彼は政治経済に異常なほど＿＿＿＿＿＿＿＿＿＿＿＿＿＿＿＿＿。

❺ ＿＿＿＿＿＿＿＿＿＿＿＿＿＿＿＿＿＿、怖いほどだ。

❻ ＿＿＿＿＿＿＿＿＿＿＿＿＿＿惚れ惚れするほどだった。

❼ ＿＿＿＿＿＿＿＿＿＿＿＿＿＿＿＿＿＿＿＿＿＿。

世間 세간　　恐ろしい 무섭다　　家を空ける 집을 비우다　　無理解 몰이해
並外れる 표준을 벗어나다　　惚れ惚れする 홀딱 반하다

まい

~하지 않겠다(부정의 의지), ~하지 않을 것이다(부정의 추측)

<table>
<tr><td rowspan="5">접
속</td><td>5단동사 : 동사의 사전형 + まい</td></tr>
<tr><td>1단동사 : 동사의 ます형 + まい</td></tr>
<tr><td>불규칙동사 : 来る → 来るまい / 来まい、する → するまい/しまい ＜의지＞</td></tr>
<tr><td>명사 / な형용사의 어간 + ではあるまい</td></tr>
<tr><td>い형용사의 어간 + く + あるまい ＜부정추측＞</td></tr>
</table>

❶ 病気を患ってから、酒はもう二度と飲む**まい**と誓った。

　병을 앓고 나서는 술은 다시는 마시지 않겠다고 맹세했다.

❷ 晩ご飯を食べようか食べ**まい**か迷っていたけど、結局食べてし

　まった。

　저녁밥을 먹을지 안 먹을지 고민하다가 결국은 먹어버렸다.

❸ 私の気持ちは誰にもわかる**まい**。

　내 마음은 아무도 이해 못할 것이다.

❹ ここなら見つかる**まい**と、タンスの引き出しにへそくりを隠した。

　여기라면 못 찾을 거라고 생각하고 옷장 서랍에 비상금을 감췄다.

❺ お盆休みの遊園地は人でごった返していた。

　こんな所にはもう二度と＿＿＿＿＿＿＿＿＿＿＿＿＿＿＿＿＿＿＿＿＿。

❻ 別れた恋人には二度と＿＿＿＿＿＿＿＿＿＿＿＿＿＿＿＿＿＿決めた。

❼ ＿＿＿＿＿＿＿＿＿＿＿＿＿＿＿＿＿＿＿まいか不安でたまらない。

❽ 幽霊を見たと言ったところで、きっと誰も＿＿＿＿＿＿＿＿＿。

❾ ＿＿＿＿＿＿＿＿＿＿＿＿＿＿＿＿＿＿＿＿＿＿＿＿＿。

病気を患う 병을 앓다　誓う 맹세하다　へそくり 사천, 비상금
お盆休み 추석 휴가　ごった返す 심한 혼잡을 이루다　幽霊 유령

일본어능력시험을 대비한 ■

でもあるまいし

~도 아니고

 명사 + でもあるまいし

① 子供でもあるまいし、朝は自分でちゃんと起きなさい。

어린애도 아니고 아침에는 스스로 일어나라.

② 金持ちじゃあるまいし、いつまでもこんな生活は続けていら
れない。

부자도 아니고 언제까지나 이런 생활을 지속할 수는 없다.

③ 友達でもあるまいし、＿＿＿＿＿＿＿＿＿＿＿＿＿＿。

④ ＿＿＿＿＿＿＿＿＿＿＿＿＿＿＿＿＿＿、好き嫌いをして

食べるのはやめなさい。

⑤ ＿＿＿＿＿＿＿＿＿＿＿＿＿＿＿＿＿＿＿＿＿＿＿＿＿＿。

自分で 스스로, 혼자서　　好き嫌いをする 편식하다

のではあるまいか

~는 것 같다

| 접속 | 명사 + な / な형용사의 연체형(な) + のではあるまいか
い형용사의 보통형 / 동사의 보통형 + のではあるまいか |

❶ あの犬は小さいのでまだ子供だとばかり思っていたが、本当はかなりの年なのではあるまいか。

저 개는 작아서 아직 강아지라고 생각했는데 실제로는 꽤 나이를 먹었을 것 같다.

❷ 公の場でそのような発言をするのは不適切なのではあるまいか。

공적인 장소에서 그러한 발언을 하는 것은 부적절한 것 같다.

❸ 春の空は明け方が一番美しいのではあるまいか。

봄 하늘은 새벽녘이 가장 아름다운 것 같다.

❹ まさかとは思っていたが、真犯人は身内にいるのではあるまいか。

설마라고 생각했는데 진범은 내부에 있는 것 같다.

❺ その事故は運転手の居眠りが＿＿＿＿＿＿＿＿＿＿＿＿＿＿＿＿＿＿。

❻ 子供にそんなことをさせるのは＿＿＿＿＿＿＿＿＿＿＿＿＿＿＿＿。

❼ ＿＿＿＿＿＿＿＿＿＿＿＿＿＿＿＿＿＿＿＿＿、あまりにも負担が

大きいの ではあるまいか。

❽ 何年経っても顔が変わらないなんて、＿＿＿＿＿＿＿＿＿＿＿。

❾ ＿＿＿＿＿＿＿＿＿＿＿＿＿＿＿＿＿＿＿＿＿＿。

公の場 공공장소, 국가기관　明け方 새벽녘　真犯人 진범
身内 집안, 내부 사람　経つ 경과하다

くれまいか/もらえまいか ~해주지 않을래?

접속 동사의 て형 + くれまいか/もらえまいか

❶ 誰かいい職を紹介して**くれまいか**。

누가 좋은 직장 좀 소개해주지 않을래?

❷ 一度は断ったものの、なんとかやって**もらえまいか**という友人
の必死の頼みに折れて、結局その仕事を引き受けることになっ
た。

한 번 거절했지만 어떻게 해주면 안 될까하는 친구의 필사적인 부탁에 결국에는 그
일을 받아들이게 되었다.

❸ 友人に、結婚式の司会を_______________と頼まれた。

❹ 親友の君にお願いがある。_______聞いて**くれまいか**。

❺ _________________________。

必死 <ruby>필사</ruby>　折れる 꺾이다　司会 사회　親友 친구

まじき

~해서는 안 되는, ~답지 못한

접속 동사의 사전형 + まじき

※「する」는「すまじき」라고도 한다.

❶ 賄賂を受け取るなんて、政治家としてあるまじき行為だ。

뇌물을 받다니 정치가로써 해서는 안 될 행위이다.

❷ 人様の物を盗むなんて許すまじきことだ。

다른 사람의 물건을 훔치다니 용서해서는 안 될 일이다.

❸ 学生が教師を殴るなんて、＿＿＿＿＿＿＿＿＿＿＿＿＿＿＿。

❹ ＿＿＿＿＿＿＿＿＿＿＿＿＿＿＿あるまじき態度だ。

❺ ＿＿＿＿＿＿＿＿＿＿＿＿＿＿＿＿＿＿。

人様 다른 분(他人)에 대한 높임말　　盗む 훔치다

~もまして

~이상으로, ~보다 우선해서

 명사 + にもまして

① 今年の冬は例年にもまして雪が多い。

올해 겨울은 예년보다 눈이 많이 내린다.

② 昨年にもまして就職率が低下した。

작년보다 취직률이 낮아졌다.

③ 彼女は何にもまして＿＿＿＿＿＿＿＿＿＿＿＿＿＿＿。

④ 韓国旅行はとても楽しかった。料理もおいしいし、それにもまし

てよかったのは＿＿＿＿＿＿＿＿＿＿＿＿＿＿＿。

⑤ ＿＿＿＿＿＿＿＿＿＿＿＿＿＿＿＿＿＿＿＿。

就職率 취직률　低下する 저하하다

まで

~일 뿐이다

① 特に必要はなかったが、安かったから買った**までだ**。

딱히 필요하진 않았지만 싸서 샀을 뿐이다.

② 心配しないで。最近疲れがたまっていて、ちょっと体調を崩した**までだ**。

걱정하지 마. 요즘 들어 피곤이 쌓여서 몸이 좀 안 좋은 것뿐이야.

③ A：何かあったの?

B：別になにもないけど。どうして?

A：最近元気がなさそうに見えたから、

ちょっと＿＿＿＿＿＿＿＿＿＿＿＿＿**までだ**よ。

④ 電車でお年寄りに席を譲るぐらい、何も驚くことはない。

＿＿＿＿＿＿＿＿＿＿＿＿＿＿＿した**までだ**。

⑤ ＿＿＿＿＿＿＿＿＿＿＿＿＿＿＿＿＿。

体調を崩す 몸 상태가 좋지 않다　年寄り 노인　譲る 양보하다

まで(のこと)だ

~하는 수밖에 없다

 동사의 사전형 + まで(のこと)だ

❶ わかってもらえないなら、わかってもらえるまで何度も説得する**までだ**。

이해 못한다면 이해해 줄 때까지 몇 번이고 설득하는 수밖에 없다.

❷ 試験に失敗しても、また挑戦する**までのことだ**。

시험에 실패하더라도 다시 도전 하는 수밖에 없다.

❸ 彼ができないと言うなら、他の人に＿＿＿＿＿＿＿＿＿＿＿＿＿＿＿＿。

❹ ＿＿＿＿＿＿＿＿＿＿＿＿＿＿＿＿って、たいしたことはないよ。

また一から出直す**までのことだ**。

❺ ＿＿＿＿＿＿＿＿＿＿＿＿＿＿＿＿＿＿＿＿＿＿＿＿＿。

<ruby>説得<rt>せっとく</rt></ruby>する 설득하다　　<ruby>挑戦<rt>ちょうせん</rt></ruby>する 도전하다　　<ruby>出直<rt>でなお</rt></ruby>す 다시 시작하다

まで(のこと)もない　　～할 필요도 없다

접속　동사의 사전형 + まで(のこと)もない

❶ 言うまでもなく、彼は最高のピアニストだ。

　　말 할 필요도 없이 그는 최고의 피아니스트다.

❷ ただの胃もたれだから、わざわざ病院に行くまでのこともない。

　　잠깐 체한 것뿐이니 일부러 병원에 갈 필요도 없다.

❸ 海外に出るためにはパスポートが必要だなんて、＿＿＿＿＿＿＿＿。

❹ 娘が大学に決まった。家族全員が＿＿＿＿＿＿＿＿＿＿＿

　　ことは言うまでもない。

❺ ＿＿＿＿＿＿＿＿＿＿＿＿＿＿＿＿＿＿＿＿＿＿。

最高 (さいこう) 최고　　胃もたれ (い) 체함

まみれ

~투성이, ~ 범벅

접속 명사 + まみれ

※「血まみれ・泥まみれ・ほこりまみれ」 등의 한정된 명사에 붙어서 사용된다.

❶ いつも部屋でゲームばかりしていた子が、今日は外で泥**まみれ**になって遊んでいる。

항상 방안에서 게임만 하던 아이가 오늘은 밖에서 흙투성이가 되어 놀고 있다.

❷ 小さい頃に買ってもらったぬいぐるみがほこり**まみれ**になっていたので、きれいに洗った。

어렸을 적에 받았던 인형이 먼지투성이가 되어 있어서 깨끗하게 빨았다.

❸ 家から駅まで走ったので、＿＿＿＿＿＿＿になってしまった。

❹ 犯行現場の部屋は＿＿＿＿＿＿＿＿＿＿だった。

❺ ＿＿＿＿＿＿＿＿＿＿＿＿＿。

泥 흙　　ぬいぐるみ 인형　　ほこり 먼지|　　犯行現場 범행현장

めく

~답다, ~같다

중상급 일본어문형

접속 명사 + めく

※ 명사를 수식할 경우는 「名詞 + めいた + 名詞」 형태로 사용된다.

❶ 道端の花が咲き始め、少しずつ春めいてきた。

길가에 꽃이 피기 시작하면서 조금씩 봄다워졌다.

❷ 彼は、わざと皮肉めいて言い方をして周囲の反感を買った。

그는 일부러 야유하는 듯한 말투 때문에 주위의 반감을 샀다.

❸ 日に日に暑さも増し、だいぶ＿＿＿＿＿＿＿＿＿＿＿＿＿＿＿＿＿＿＿。

❹ この地域には＿＿＿＿＿＿＿＿＿＿＿めいて遺跡が残されている。

❺ ＿＿＿＿＿＿＿＿＿＿＿＿＿＿＿＿＿＿＿＿＿＿＿＿＿＿＿＿。

道端 길가　皮肉 야유　反感を買う 반감을 사다　遺跡 유적

もさることながら

~도 있지만, ~도 무시 못 하지만

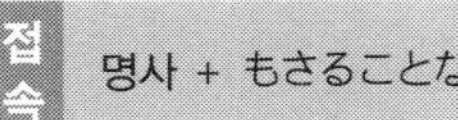

명사 + もさることながら

❶ 彼は容姿**もさることながら**、スポーツ万能で幼い頃から人気者だった。

그는 용모도 훌륭하지만 스포츠도 만능이라 어렸을 때부터 인기가 있었다.

❷ あのレストランは料理**もさることながら**、デザートも非常においしかった。

저 레스토랑은 요리도 맛있었지만 디저트도 정말 맛있었다.

❸ この歌手の新曲はメロディもさることながら、＿＿＿＿＿＿＿＿＿。

❹ このホテルは＿＿＿＿＿＿＿＿＿＿＿、部屋から見える景色も素晴らしかった。

❺ ＿＿＿＿＿＿＿＿＿＿＿＿＿＿＿＿＿＿＿。

容姿 얼굴 모양이나 자태　　スポーツ万能 스포츠 만능　　新曲 신곡

ものがある

~이기도 하다, ~인 부분이 있다.

접속	な형용사의 연체형(な) + ものがある
	い형용사의 사전형 + ものがある
	동사의 사전형 + ものがある

❶ 彼の絵は色使いに斬新な**ものがある**。

   그의 그림은 색채에 참신함이 있다.

❷ 彼女の音楽の才能にはすばらしい**ものがある**。

   그녀의 음악에 대한 재능은 정말 훌륭하다.

❸ 彼の文章はまだ荒削りだが、随所に光る**ものがある**。

   그의 문장은 아직 미숙하지만 곳곳에 빛나는 무언가가 있다.

❹ 彼の考え方には、一般人には理解しにくい＿＿＿＿＿＿＿＿＿。

❺ 年を取ってから転職するのは、なかなか＿＿＿＿＿＿＿＿＿。

❻ ＿＿＿＿＿＿＿＿＿は、目を見張る**ものがある**。

❼ ＿＿＿＿＿＿＿＿＿＿＿＿＿＿。

斬新 참신   荒削り 거칢, 다듬어지지 않음   随所 도처, 여기저기
目を見張る (화나거나, 놀라거나, 감탄하여) 눈을 크게 뜨다

ものでもない①

전혀 ~못 할 것도 없다, ~할 수도 있다

 접속　동사의 た형 + ものでもない

❶ 所詮素人の書いた小説だと読み流していたが、なかなか馬鹿にしたものでもない。

어차피 아마추어가 쓴 소설이라고 흘려 읽었지만 꽤 좋은 작품일 수도 있다.

❷ 確かに年はとったが、父の書道の腕はまだまだ捨てたものでもない。

확실히 나이는 드셨지만 아버지의 서예 솜씨는 아직 녹슬지 않았다.

❸ 最近ペットを捨てる人が多い中で、捨てられた動物を引き取って育てている人がいるという。世の中＿＿＿＿＿＿＿＿＿＿。

❹ 子供だからといって＿＿＿＿＿＿＿＿＿ものでもない。

❺ ＿＿＿＿＿＿＿＿＿＿＿＿＿＿＿＿＿＿＿。

所詮(しょせん) 필경, 어차피　　馬鹿(ばか)にする 깔보다, 가볍게 여기다　　腕(うで) 솜씨
引(ひ)き取(と)る 떠맡다, 인수하다　　見(み)くびる 얕보다, 깔보다

ものでもない②

전혀 ~못 할 것도 없다, ~할 수도 있다

접속	동사의 ない형 + ものでもない

❶ この程度の計算なら、数学が苦手な私にも解けないものでもない。

이 정도의 계산이라면 수학에 약한 나도 풀 수 있겠다.

❷ どうしてもというなら、貸してやらないものでもないが。

정 그렇다면 못 빌려 줄 것도 없지만.

❸ 彼の言っていることは、＿＿＿＿＿＿＿＿＿＿＿＿＿＿＿＿＿＿。

❹ コンピューターの知識はほとんどないが、メールの送信ぐらいなら

＿＿＿＿＿＿＿＿＿＿＿＿＿＿＿＿＿＿＿＿＿＿＿＿。

❺ ＿＿＿＿＿＿＿＿＿＿＿＿＿＿＿＿＿＿＿＿＿＿＿＿。

苦手だ 서투르다, 잘 못하다　　解ける 풀 수 있다

ものなら

만약에~ 라면

 **접속** 동사의 의지형(う/よう) + ものなら

① クラブの先輩はとても厳しく、五分でも練習に遅れよう**ものなら**先輩に説教される。

동아리 선배는 매우 엄해서 5분이라도 연습시간에 늦으면 선배에게 혼난다.

② 隣の家の犬はちょっとでも近づこう**ものなら**吠えられるので、いつも反対の道を通る。

옆집의 개는 조금이라도 가까이 가면 짓기 때문에 항상 반대편 길로 지나간다.

③ 父は潔癖症なので、床に髪の毛一本落ちていよう**ものなら**

____。

④ 最近の若者はちょっと注意しよう**ものなら**________________。

⑤ ____。

説教される 설교당하다　潔癖症 결벽증　床 마루바닥　髪の毛 머리카락

ものを

~했는데, ~했을텐데

접속	な형용사의 연체형(な) + ものを い형용사의 보통형 / 동사의 보통형 + ものを

❶ あのような手術はベテランの医師でも困難なものを、若手の医師に任せたのでは安心できない。

그런 수술은 베테랑 의사라도 어려운데 젊은 의사에게 맡기면 안심할 수 없다.

❷ もっと早く家を出ていればよかったものを。バスは行ってしまった。

좀 더 빨리 집을 나왔으면 좋았을 텐데 버스는 떠나고 말았다.

❸ 話してくれればいつでも相談に乗ったものを、一人で悩むなんて。

말해줬으면 언제라도 상담해줬을 텐데 혼자서 고민하다니.

❹ こんな問題、私に聞けば＿＿＿＿＿＿＿＿＿＿＿＿＿＿ものを、

一人でやろうとするから大変なんだ。

❺ 知らないふりをしていればいいものを、＿＿＿＿＿＿＿＿＿。

❻ そんなにお腹がすいていたなら＿＿＿＿＿＿＿＿＿＿、

どうして黙っていたの。

❼ ＿＿＿＿＿＿＿＿＿＿＿＿＿＿＿＿＿＿＿＿。

若手 젊은층　相談に乗る 상담에 응하다

やいなや
~하자마자

 접속 동사의 사전형 + やいなや

❶ 飼い犬がいなくなったことを聞く**やいなや**、妹は家を飛び出した。

기르던 강아지가 없어졌다는 소식을 듣자마자 여동생은 집을 뛰쳐나갔다.

❷ 彼女はビールを一口飲む**やいなや**、眠り込んでしまった。

그녀는 맥주를 한 모금 마시자마자 잠들어 버렸다.

❸ うちに帰る**やいなや**、＿＿＿＿＿＿＿＿＿＿＿＿＿＿＿＿＿＿＿＿＿。

❹ ＿＿＿＿＿＿＿＿＿＿＿＿＿＿＿＿＿＿＿＿＿＿＿、雨が降り出した。

❺ ＿＿＿＿＿＿＿＿＿＿＿＿＿＿＿＿＿＿＿＿＿＿＿＿＿＿＿。

飼い犬 기르던 강아지　　飛び出す 뛰쳐나가다　　眠り込む 잠들다

やむ

그치다, 멎다, 중지하다

 동사의 ます형 + やむ

❶ 夜通し泣いていた赤ん坊もようやく泣き止んだ。

밤새도록 울던 아기가 드디어 울음을 그쳤다.

❷ 三日三晩続いた雨が降り止み、子供たちは大喜びで外に出て
行った。

삼일밤낮으로 계속해서 내리던 비가 그쳐서 아이들은 기뻐하며 밖으로 나갔다.

❸ 急に非常ベルが鳴り出したかと思ったら、すぐに＿＿＿＿＿＿＿。

❹ 今朝になって、雪はすっかり＿＿＿＿＿＿＿＿＿＿＿＿。

❺ ＿＿＿＿＿＿＿＿＿＿＿＿＿＿＿＿＿＿＿＿＿。

夜通し 밤새도록　　泣き止む (울음을) 그치다　　三日三晩 삼일 밤낮

ゆえに(故に)

~때문에, ~까닭에

명사 + であるがゆえ
な형용사의 어간 + であるがゆえ
い형용사의 보통형 / 동사의 보통형 + がゆえ

❶ 女性であるが**故に**差別されることがあってはならない。

여성이란 이유로 차별당하는 일이 있어서는 안 된다.

❷ 娘のことが心配であるが**故に**いろいろと口を出してしまう。

딸이 너무 걱정된다는 이유로 여러 가지 참견을 하고 만다.

❸ 彼は優しいが**故に**自分を犠牲にして友人を救った。

그는 너무 친절해서 자신을 희생시켜 친구를 구했다.

❹ 親が口を出しすぎたが**故に**、自分で何も決められない子供になってしまった。

부모님이 너무 참견하는 바람에 스스로는 아무것도 결정할 수 없는 아이가 되어버렸다.

❺ 彼は強盗の罪で逮捕されたが、未成年であるが**ゆえに**＿＿＿＿＿。

❻ 問題が深刻であるがゆえに________________________。

❼ これといって必要ではないが________________________

つい買ってしまった。

❽ ____________________________仕事でミスをしてしまった。

❾ ____。

ようがない

~하려고 해도 할 수가 없다

 **접속** 동사의 ます형 + ようがない

❶ あんなにひどく落ち込んでいては、声のかけ**ようがない**。

너무 심하게 풀이 죽어 있어서 말을 걸 수가 없다.

❷ 重大なミスをしてしまい、先方にもお詫びのし**ようがない**。

너무 큰 실수를 하여 상대에게 사과할 방법이 없다.

❸ お酒は好きではないが、先輩の誘いなので＿＿＿＿＿＿＿＿＿＿。

❹ ＿＿＿＿＿＿＿＿＿＿＿＿＿＿＿＿＿＿＿＿＿救い**ようがない**。

❺ ＿＿＿＿＿＿＿＿＿＿＿＿＿＿＿＿＿＿＿＿＿＿＿＿＿＿。

落ち込む 풀이 죽다, 실망하다　　先方 상대방

~ようと~まいと

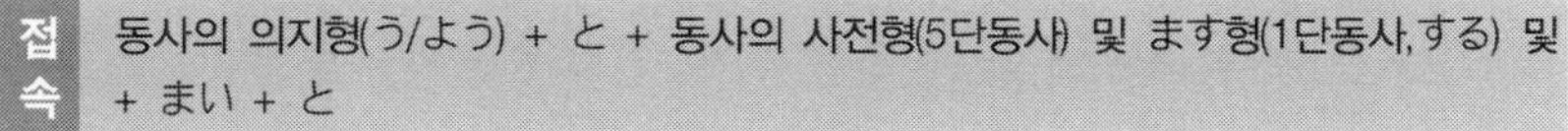

접속　동사의 의지형(う/よう) + と + 동사의 사전형(5단동사) 및 ます형(1단동사, する) 및 + まい + と

❶ お酒を**飲もうと飲むまいと**、二十歳になったら君の自由だ。

　　술을 마시든지 말든지 20세가 되면 너의 자유다.

❷ 君が応援**しようとしまいと**、今日の試合結果が変わるわけで はない。

　　네가 응원을 하든 말든 오늘 시합 결과가 바뀌지는 않는다.

❸ その噂を**信じようと信じまいと**、________________。

❹ ________________、君の勝手だ。

❺ ________________。

応援する 응원하다　　噂 소문　　信じる 믿다　　勝手 마음대로

~ようが~まいが

~하든 지 말든 지

접속 동사의 의지형(う/よう) + が + 동사의 사전형(5단동사) 및 ます형(1단동사,する) 및 + まい+が

❶ あなたが**行こうが行くまいが**、私は一人でも必ず行きます。

　　당신이 가든지 말든지 나는 혼자라도 반드시 가겠습니다.

❷ 雨が**降ろうが降るまいが**、決勝戦は午後六時に開始です。

　　비가 내리든지 안 내리든지 결승전은 오후 6시에 열립니다.

❸ 日本語能力試験は明日なんだから、今から＿＿＿＿＿＿＿＿＿＿、

　　結果は同じだ。

❹ ＿＿＿＿＿＿＿＿＿＿＿＿＿＿＿＿＿＿＿、あなたには関係ない。

❺ ＿＿＿＿＿＿＿＿＿＿＿＿＿＿＿＿＿＿＿＿＿＿。

だろうと

~하더라도

접속	명사 / な형용사의 어간 + だろうと(も) い형용사의 어간 + かろうと(も) / 동사의 의지형 + とも

❶ 地震**だろうと**津波**だろうと**、ここに避難すれば大丈夫です。

지진이 일어나든 해일이 일어나든 여기로 피난을 오면 안전합니다.

❷ どんなに困難**だろうとも**、ここで諦めたら今までの苦労が水の泡だ。

아무리 곤란하더라도 여기에서 포기하면 지금까지의 노력이 물거품이 된다.

❸ マイナス二十度がどんなに**寒かろうと**、このコートと帽子があれば防寒対策はばっちりだ。

마이너스 20도가 아무리 추울지라도 이 코트와 모자가 있으면 방한대책은 완벽하다.

❹ 周りが何と**言おうとも**、社長の考えは変わらなかった。

주변에서 뭐라고 하더라도 사장의 생각은 변하지 않았다.

❺ どんなに厳しい道のり**だろうとも**、＿＿＿＿＿＿＿＿＿＿＿＿＿＿。

❻ たとえ私が未熟**だろうとも**、やる気だけは＿＿＿＿＿＿＿＿＿。

❼ ＿＿＿＿＿＿＿＿＿＿＿＿＿＿＿＿＿＿＿＿＿＿＿、これを乗り越えられれば

きっと成長できるよ。

❽ ＿＿＿＿＿＿＿＿＿＿＿＿＿＿＿＿＿＿＿＿＿＿＿、これだけは譲れない。

❾ ＿＿＿＿＿＿＿＿＿＿＿＿＿＿＿＿＿＿＿＿＿＿＿＿＿＿。

津波 해일	避難する 피난하다	苦労 고생	水の泡 물거품
防寒対策 방한 대책	ばっちりだ 완벽하다	道のり 여정	未熟 미숙

ようではないか

~하자, 해야 하지 않을까

 동사의 의지형 + ではないか

❶ これからは前向きに生きて**いこうではないか**。

앞으로는 긍정적으로 살아가야 하지 않겠는가.

❷ 我がチームの成功を祝って、今日はぱーっと**いこうじゃないか**。

우리 팀의 성공을 축하하며 오늘은 마음껏 즐기자.

❸ 最後までみんなで＿＿＿＿＿＿＿＿＿＿＿＿＿＿＿＿＿＿＿＿＿。

❹ ずっと忙しかったんだから、たまには＿＿＿＿＿＿＿＿＿＿＿＿＿。

❺ ＿＿＿＿＿＿＿＿＿＿＿＿＿＿＿＿＿＿＿＿＿＿＿＿＿＿＿＿＿。

前向き 긍정적인(진취적인)생각　　祝う 축하하다　　たまには 가끔은

ようにも

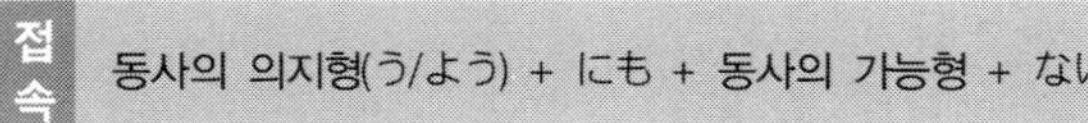

접속	동사의 의지형(う/よう) + にも + 동사의 가능형 + ない

❶ 二日酔いで頭痛がひどくて、起き**ようにも**起きられなかった。

　숙취로 두통이 심해서 일어나려 해도 일어날 수 없었다.

❷ 彼女の表情があまりにも痛々しくて、声をかけ**ようにも**かけられなかった。

　그녀의 표정이 너무 안 좋아서 말을 걸고 싶어도 걸 수 없었다.

❸ 今からステージに上がって演奏すると思うと、＿＿＿＿＿＿＿＿＿＿。

❹ ＿＿＿＿＿＿＿＿＿＿＿＿＿＿出かけ**ようにも**出かけられない。

❺ ＿＿＿＿＿＿＿＿＿＿＿＿＿＿＿＿＿＿＿＿＿＿＿＿。

二日酔い 숙취　頭痛 두통　痛々しい 애처롭다, 안쓰럽다　演奏する 연주하다

よそに

~은 아랑곳 하지 않고, ~는 상관없이, ~를 비웃듯이

 **접속** 명사 + をよそに

※ 명사는「心配・噂・非難・批判・期待」등과 같이 감정이나 평가를 나타내는 말이 주로
온다.

❶ 兄は親の心配を よそに 毎晩遅くまで遊び歩いている。

　형은 부모님의 걱정도 아랑곳하지 않고 매일 밤늦게까지 놀러 다니고 있다.

❷ 彼は家業を継いで欲しいという両親の期待を よそに 画家の道に

　進んだ。

　그는 가업을 물려받기를 원하는 부모님의 기대를 져 버리고 화가의 길을 걸었다.

❸ 彼はメディアからの批判を よそに ＿＿＿＿＿＿＿＿＿＿＿＿＿＿＿。

❹ この会社は近年の不景気を よそに、＿＿＿＿＿＿＿＿＿＿＿。

❺ ＿＿＿＿＿＿＿＿＿＿＿＿＿＿＿＿＿＿＿＿＿＿＿＿。

遊び歩く 놀러다니다　　家業を継ぐ 가업을 잇다　　画家 화가
着々と (일이) 착착

~わ ~わ

놀람, 감동을 나타냄

접속	い형용사의 사전형 + わ ~ い형용사의 사전행 + わ / 동사의 보통형 + わ ~ 동사의 보통형 + わ(で)

❶ 昨日は学校で先生に怒られる**わ**、傘を忘れてびしょ濡れになる**わ**で散々だった。

어제는 학교에서 선생님에게 꾸중을 들은데다가 우산을 잃어버려 옷도 흠뻑 젖어버려 최악이었다.

❷ 最近寝るのは遅い**わ**起きるのは早い**わ**で、かなり寝不足だ。

요즘 자는 것은 늦고 일어나는 것은 빨라서 상당한 수면부족이다.

❸ 兄は＿＿＿＿＿＿＿＿＿＿で体に悪いことばかりしているが、

なぜか健康だ。

❹ 今日は始発で出かけたために寒い**わ**眠い**わ**で＿＿＿＿＿＿＿。

❺ ＿＿＿＿＿＿＿＿＿＿＿＿＿＿＿＿＿＿＿＿。

びしょ濡（ぬ）れになる 흠뻑젖다　　散々（さんざん） (결과, 상태) 형편없음, 최악　　始発（しはつ） 첫차

をおいて

~을 제외하고, ~가 아니면

명사 + をおいて

① 学生会の会長には、彼をおいてほかにはいないだろう。

학생회의 회장으로는 그 사람 말고는 없는 것 같다.

② 先輩をおいて話を進めるとは何事だ。

선배를 제외하고 이야기를 진행하다니 있을 수 없는 일이야.

③ コンピューター関連なら、＿＿＿＿＿＿＿＿＿＿＿＿＿＿＿

適任者はいないだろう。

④ 何をおいても、乗客の安全は＿＿＿＿＿＿＿＿＿＿＿＿。

⑤ ＿＿＿＿＿＿＿＿＿＿＿＿＿＿＿＿＿＿＿＿＿＿＿＿。

をかぎりに

~을 끝으로 ~부터

❶ 今日**をかぎりに**今までの辛かったことはさっぱり忘れよう。

오늘을 끝으로 지금까지 힘들었던 일은 깨끗이 잊어버리자.

❷ 友人を乗せたバスを見送りながら、みんなは声**をかぎりに**叫んだ。

친구를 태운 버스를 보내면서 모두 있는 힘껏 외쳤다.

❸ この日**をかぎりに**＿＿＿＿＿＿＿＿＿＿＿＿＿＿＿＿＿＿。

❹ ＿＿＿＿＿＿＿＿＿＿＿＿＿＿＿＿この学校の学生たちともお別れだ。

❺ ＿＿＿＿＿＿＿＿＿＿＿＿＿＿＿＿＿＿＿＿＿＿＿＿。

をかわきりに(を皮切りに) ~을 시작으로 해서, ~을 기점으로 해서

접속 명사 + をかわきりに / 명사 + をかわきりにして

❶ 沖縄を皮切りに、日本列島の桜が咲き始めた。

　오키나와를 시작으로 일본열도의 벚꽃이 피기 시작했다.

❷ 彼女は、雑誌のモデルを皮切りに、遂には大女優の地位にまで
登りつめた。

　그녀는 잡지 모델을 시작으로 결국에는 국민여배우의 위치까지 올라섰다.

❸ 韓国戦を皮切りに＿＿＿＿＿＿＿＿＿＿＿＿＿＿＿＿＿＿＿＿。

❹ ＿＿＿＿＿＿＿＿＿＿＿＿＿＿＿＿＿＿＿全国ツアーが始まった。

❺ ＿＿＿＿＿＿＿＿＿＿＿＿＿＿＿＿＿＿＿＿＿＿＿＿＿＿。

遂には 결국에는　　大女優 국민여배우　　登りつめる 오르다

をきんじえない(~を禁じえない)

~을 금치 않을 수 없다, ~을 참을 수 없다.

접속 | 명사 + をきんじえない

① 真実を偽った報道には怒り**を禁じえない**。

진실을 속인 보도에 대해 분노를 참을 수 없다.

② 娘の病気が治ったときは喜び**を禁じえなかった**。

딸의 병이 나았을 때 그 기쁨을 감출 수 없었다.

③ 事故のニュースを聞くたびに＿＿＿＿＿＿＿＿＿＿＿＿＿＿＿。

④ ＿＿＿＿＿＿＿＿＿＿＿＿＿＿＿＿＿、驚き**を禁じえない**。

⑤ ＿＿＿＿＿＿＿＿＿＿＿＿＿＿＿＿＿＿＿。

真実を偽る 진실을 속이다   怒り 분노   ~たびに ~할 때마다

をふまえて

~을 기반으로, ~을 토대로, ~을 전제로

명사 + をふまえて

❶ この夏訪れたインドでの体験をふまえて旅行記を書いた。

이번 여름에 방문한 인도에서의 체험을 토대로 여행기를 썼다.

❷ 相手国の現状をふまえて、本当に必要な援助をすべきだ。

상대국의 현재 상황을 파악하여 꼭 필요한 원조를 해야만 한다.

❸ これまでの試験の傾向をふまえて＿＿＿＿＿＿＿＿＿＿。

❹ ＿＿＿＿＿＿＿＿＿＿議論していかなければならない。

❺ ＿＿＿＿＿＿＿＿＿＿＿＿＿＿＿。

をもって①

~로, ~을 이용해서, ~으로, ~소

접속 명사 + をもって ＜수단＞

❶ マザー・テレサは愛と慈しみを身**をもって**示した偉大な人である。

마더 테레사는 사랑과 자애를 몸소 보인 위대한 인물이다.

❷ 簡単ですが、これ**をもって**挨拶とさせていただきます。

간단합니다만 이것으로 인사말씀을 마치겠습니다.

❸ _______________________________書面**をもって**連絡する。

❹ 社会に出て世の中の厳しさを_______________________________。

❺ _______________________________。

慈しみ 자애, 사랑   身をもって 몸소, 직접   偉大な 위대한   書面 서면

をもって②

~로, ~부로, ~으로

❶ ずっと利用してきた電話会社が今月**をもって**携帯電話サービスを終了するという。

계속 이용 해온 전화 회사가 이번 달로 휴대전화 서비스를 종료한다고 한다.

❷ 簡単ではございますが、これ**をもちまして**終了とさせていただきます。

간단합니다만 이것으로 마치도록 하겠습니다.

❸ 当店は三月**をもちまして**＿＿＿＿＿＿＿＿＿＿＿＿＿＿＿＿。

❹ ＿＿＿＿＿＿＿＿＿＿＿＿＿＿＿＿＿＿仕事をやめることにしました。

❺ ＿＿＿＿＿＿＿＿＿＿＿＿＿＿＿＿＿＿＿＿＿＿＿＿＿。

をものともせずに

~을 아랑곳 하지 않고, ~에 굴하지 않고

| 접속 | 명사 + をものともせず(に) |

① 相手チームの執拗な攻撃**をものともせず**、私たちのチームは優勝の座を勝ち取った。

상대편 팀의 집요한 공격에 아랑곳 하지 않고 우리 팀은 우승의 자리를 쟁취했다.

② 周囲の批判**をものともせず**、彼は自分の信念を曲げることなく突き進んだ。

주변의 비판에도 굴하지 않고 그는 자신의 신념을 굽히지 않은 채 힘차게 나아갔다.

③ あの選手は足のけが**をものともせず**、＿＿＿＿＿＿＿＿＿＿＿＿。

④ まだ二月だというのに彼は＿＿＿＿＿＿＿＿＿＿＿＿＿＿＿、

毎朝ジョギングをしている。

⑤ ＿＿＿＿＿＿＿＿＿＿＿＿＿＿＿＿＿＿＿＿＿＿＿。

執拗 집요　　優勝の座を勝ち取る 우승의 자리를 쟁취하다
信念を曲げる 신념을 굽히다　　突き進む 힘차게 나아가다

をよぎなくさせる (~を余儀なくさせる)

어쩔 수 없이 ~하게 하다

접속 명사 + をよぎなくさせる

❶ 全国大会での大敗は、予選から全勝してきた我がチームに反省を余儀なくさせた。

전국 대회에서의 참패는 예선부터 전승해 온 우리 팀에게 반성을 할 기회를 주었다.

❷ 近年の就職率低下は、新卒採用の競争率上昇を余儀なくさせている。

최근 취직률 저하는 신규졸업자 채용 경쟁률의 상승을 초래하고 있다.

❸ ＿＿＿＿＿＿＿＿＿＿＿＿＿は、政権交代を余儀なくさせた。

❹ 火山噴火の影響は＿＿＿＿＿＿＿＿＿＿＿＿＿＿＿＿。

❺ ＿＿＿＿＿＿＿＿＿＿＿＿＿＿＿＿＿＿＿＿＿。

大敗 참패　全勝する 전승하다　近年 최근에는　新卒採用 신규졸업자 채용

をよぎなくされる(~を余儀なくされる)

어쩔 수 없이 ~하게 되다

접속 명사 + をよぎなくされる

❶ 台風による大雨の影響で新幹線のダイヤは大幅に乱れ、乗客たちは二時間以上にわたって足止め**を余儀なくされた**。

태풍에 의한 호우의 영향으로 신칸센의 열차운행이 대폭 변경되어 승객들은 2시간 이상 발이 묶여있을 수밖에 없었다.

❷ 再開発のために引越し**を余儀なくされた**。

재개발을 위해 어쩔 수 없이 이사를 가게 되었다.

❸ ビザ更新の期限が近づいてきたために、＿＿＿＿＿＿＿＿＿＿＿＿＿。

❹ ＿＿＿＿＿＿＿＿＿＿＿＿＿＿＿＿＿中止**を余儀なくされた**。

❺ ＿＿＿＿＿＿＿＿＿＿＿＿＿＿＿＿＿＿＿＿＿。

大幅に乱れる 큰폭으로 바뀌다　足止め (어떤 곳에) 발이 묶임
余儀ない 어쩔 수 없다　ビザ更新 비자 갱신

んがため(に)

~하기 위해서

접속 동사의 ない형 + んがために

※ 「する」는 「せんがため(に)」처럼 사용한다.

❶ 一日も早くプロにならんがために毎日練習は欠かさない。

하루라도 빨리 프로가 되기 위해서 매일 연습에 빠지지 않는다.

❷ 財政再建を遂行せんがため、新事業の見直しをはかることに
なった。

재정 재건을 수행하기 위해 새로운 사업의 재검토를 하기로 하였다.

❸ 経済を______んがために、首相は新たな金融政策を打ち出した。

❹ 少子化を______んがため、女性の職場環境が見直されるべきだ。

❺ ____。

遂行する 수행하다　　見直しをはかる 재검토를 하다
立て直す 재정비하다　　少子化 저출산　　食い止める 방지하다

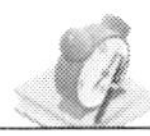

んだった

~할 걸, ~하면 좋았을 텐데

접속 동사의 사전형 + んだった

❶ あのページも勉強しておく**んだった**。まさかあの問題がテストに出るとは。

그 페이지도 공부 해 둘걸. 설마 그 문제가 시험에 나올 줄이야!

❷ 初めての海外旅行でお腹を壊してしまった。こんなことなら薬を持ってくる**んだった**。

해외여행을 처음으로 가는 탓인지 배탈이 나고 말았다. 이럴 줄 알았으면 약을 가져올 걸 그랬다.

❸ 地震で電気が止まってしまった。こんなことなら、懐中電灯を

____。

❹ 仕事を終えて帰宅したが、食べるものが何もない。

さっきスーパーに____。

❺ ____。

お腹を壊す 배탈이 나다	懐中電灯 손전등	帰宅する 귀가하다

일본어능력시험을 대비한
중상급 일본어문형

〈답안 예시문〉

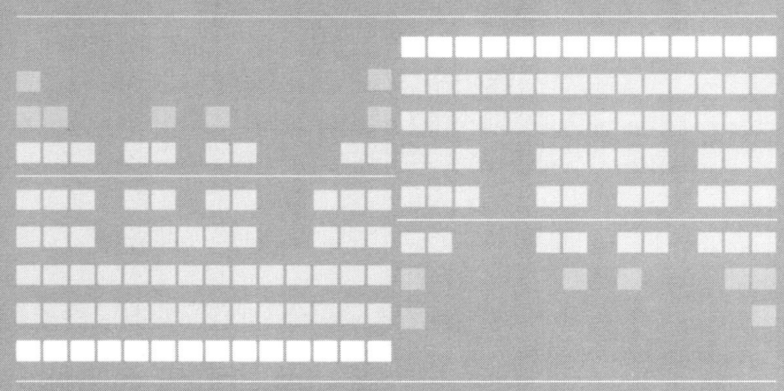

---

001 : あっての

③ お金をたくさん稼げることも健康な体あってのものだ。
돈을 많이 버는 것도 건강이 있고 난 후의 일이다.

④ チーム全体の努力あっての優勝だ。
팀 전체의 노력이 있고 난 후의 우승이다.

002 : あるまじき

③ 信号無視をするなんて、バスの運転手としてあるまじき行為だ。
신호 무시를 하다니, 버스 운전사로서 있을 수 없는 행위이다.

④ 生徒を殴るとは教師としてあるまじき行為だ。
학생을 때리다니 교사로서 있을 수 없는 행위이다.

003 : いかんで/いかんによって

③ 成績いかんで奨学金の支給が決まる。
성적 여하에 따라 장학금 지급이 결정된다.

④ 話し合いの結果いかんで結論が出る。
논의 결과 여하에 따라 결론이 난다.

004 : いかんによらず/いかんにかかわらず

③ 成績いかんによらず、誰でも協定大学に留学することができる。
성적 여하를 불문하고 누구라도 자매 학교에 유학할 수 있다.

④ 明日の天気のいかんにかかわらず試合は行われる。
내일 날씨를 불문하고 시합은 열린다.

005 : いざしらず

⑤ 真実かはいざしらず、今どきこんな話を信じる人間はいない。
진실인지는 모르지만 요즘 이런 이야기를 믿는 사람은 없다.

⑥ 六歳の子供であればいざしらず、大のおとながそのような行動をすることは許されない。
6살짜리 아이라면 모르지만 다 큰 어른이 그런 행동을 하는 것은 용서받지 못한다.

006 : いずれ

③ 体調が優れないが、いずれにしても行かなければならない。
몸 상태가 좋지 않지만 어쨌든 가지 않으면 안 된다.

④ この鞄は少々値が張るが、いずれにしても手に入れたい。
이 구두는 조금 값이 비싸지만 어쨌든 가지고 싶다.

007 : いたり(至り)

③ そのような言葉をいただき、光栄の至りです。

그렇게 말씀해주셔서 영광스럽기 그지없습니다.

❹ <u>人の多い食堂で転ぶとは汗顔の至りだ。</u>

사람 많은 식당에서 넘어지다니 창피하기 그지없다.

❸ <u>二時間前に薬を飲んだにもかかわらず、頭痛はいっこうに治まらない。</u>

2시간 전에 약을 먹었는데도 두통은 전혀 나아지지 않는다.

❹ <u>英語を八年間勉強してきたが、いっこうに上達しない。</u>

영어를 8년간 공부했는데 여전히 잘 못한다.

❸ <u>金はトラブルの原因になるから、おいそれと人に貸してはいけない。</u>

돈은 문제의 원인이 되니까 쉽게 남에게 빌려줘서는 안 된다.

❹ <u>長年吸ってきた煙草はおいそれとはやめられない。</u>

오랜 시간 피워 온 담배는 쉽게 끊을 수 없다.

❸ <u>海外旅行のおりに友人にお土産を買った。</u>

해외여행 갔을 때 친구에게 줄 선물을 샀다.

❹ <u>近くにお越しのおりには、ぜひご連絡ください。</u>

근처에 오셨을 때는 꼭 연락 주세요.

❸ <u>おりからの不況で会社が倒産した。</u>

예상치 못한 불황으로 회사가 도산했다.

❹ <u>おりからの強風で桜の木が倒れてしまった。</u>

강풍이 불어 벚나무가 쓰러졌다.

❼ <u>四年間勉強したかいあって、大学院に入ることができた。</u>

4년간 공부한 보람이 있어서 대학원에 입학할 수 있었다.

❽ <u>日本語能力試験一級に合格したかいあって日本の企業に就職できた。</u>

일본어능력시험1급에 합격한 보람이 있어서 일본 기업에 취직할 수 있었다.

❸ <u>アジサイの花びらは青みがかった色をしている。</u>

수국 꽃잎이 파랗게 물들어 있다.

❹ <u>彼の言動はいつも芝居がかっているので、好感が持てない。</u>

그의 언동은 언제나 연기 같아서 호감을 가질 수 없다.

❹ <u>このような名誉ある賞をいただけるとは、光栄のかぎりだ。</u>

이러한 명예로운 상을 받게 되어 정말 영광스러울 따름이다.

⑤ 長年の努力が実ってオリンピックの表彰台に立つことができ、嬉しいかぎりだ。
오랫동안의 노력이 결실을 맺어 올림픽의 단상에 오를 수 있어서 정말 기쁘다.

015 : かくして

③ かくして新しい裁判員制度が始まった。
이렇게 해서 새로운 국민 참여 재판 제도가 시작되었다.

016 : かけ

③ 布団に入ったが、眠れないので読みかけの本を読むことにした。
잠자리에 들어갔지만 잠이 안 와서 읽다 만 책을 읽기로 했다.

④ 食べかけのケーキを弟に食べられてしまった。
먹던 케이크를 동생이 먹어버렸다.

017 : (が)さいご(最後)

③ 諦めたら最後、勝つことはできない。
포기한 이상 이길 수 없다.

④ 部活の練習をさぼったことがばれたら最後、先輩にこっぴどく叱られるだろう。
동아리 연습을 빠진 것이 들통이 나면 선배에게 호되게 혼나게 될 것이다.

018 : かたがた

③ 近くまで来たので、挨拶かたがた先生のお宅にお邪魔した。
근처까지 왔기 때문에, 인사도 드릴 겸 선생님 댁을 방문했다.

④ 天気がいいので、散歩かたがた買い物に行った。
날씨가 좋아서 산책도 할 겸 쇼핑하러 갔다.

019 : かたわら

(1) かたわら

③ 散歩をしていたら、民家のかたわらに気持ちよさそうに眠っている猫を見かけた。
산책을 하다가 민가 옆에서 기분 좋게 잠들어 있는 고양이를 보았다.

④ 子供が眠っているかたわらでお母さんは裁縫をしている。
잠든 아이 옆에서 어머니는 바느질을 하고 있다.

(2) かたわら

③ 友人は教師のかたわら、ボランティア活動にも勤しんでいる。
친구는 교사를 하면서 봉사활동에도 적극적으로 참가하고 있다.

④ 彼女はピアノ教室で子供達にピアノを教えるかたわらプロとしても活躍している。
그녀는 피아노교실에서 아이들에게 피아노를 가르치면서 프로로서도 활약하고 있다.

020 : がてら

③ 散歩がてら、ちょっと足を伸ばして桜を見物しに行った。

산책 겸 조금 걸어서 벚꽃을 보러 갔다.

❹ 母を見送りがてら、デパートに寄った。
어머니를 배웅할 겸 백화점에 들렀다.

| 021 : かねない |

❸ 絶対に口外してはいけないことでも、あいつならうっかり<u>言い</u>かねない。
절대로 말해서는 안 될 것도 그녀석이라면 무심코 말해버릴 지도 모른다.

❹ <u>スピードを出し過ぎると</u>、事故になりかねない。
스피드를 너무 내면 사고가 날지도 모른다.

| 022 : かねる |

❸ 高校卒業後の進路を<u>決めかねて</u>、担任の先生に相談した。
고등학교 졸업 후의 진로를 결정 못 해서 담임선생님에게 상담했다.

❹ そのような提案は<u>同意しかねない</u>。
그런 제안은 동의하기 어렵다.

| 023 : がはやいか |

❸ 幼稚園に娘を迎えに行ったら、娘は私の顔を<u>見るがはやいか</u>、私にかけよってきた。
유치원에 딸을 마중 나갔더니 딸은 나의 얼굴을 보자마자 나에게 달려왔다.

❹ 高熱のためふらふらになり、<u>病院に着くがはやいか</u>、倒れてしまった。
고열로 인해 어지러워져서 병원에 도착하자마자 쓰러졌다.

| 024 : からある/からする |

❸ 重量挙げの選手は二百キロ<u>からある</u>バーベルを持ち上げた。
역도 선수는 200kg이나 되는 바벨을 들어 올렸다.

❹ 八十万<u>からする</u>絵画をインターネットで購入した。
80만엔이나 하는 그림을 인터넷에서 구입했다.

| 025 : からいいようなものの |

❺ 新入社員だからいいようなものの、<u>普段は許されない</u>ミスだ。
신입사원이니까 망정이지 보통은 용서받지 못할 실수다.

❻ 問題が簡単だったからいいようなものの、<u>試験時間は短過ぎた</u>。
문제가 간단했으니 망정이지 시험시간이 너무 짧았다.

❼ 今日は<u>暑かったからいいようなものの</u>、そんな格好で登山をしたら風邪を引くよ。
오늘은 더웠으니까 망정이지 그런 차림으로 등산을 하면 감기 걸리지.

❽ 今回の試合は勝ったからいいようなものの、チームワークは良くなかった。
이번 시합은 이겼으니까 망정이지 팀워크가 좋지 않았다.

| 026 : きらいがある |

❸ この国は、世界の中でも特に学歴偏重<u>のきらいがある</u>。

이 나라는 세계에서도 특히 학력이 편중된 경향이 있다.

❹ 祖母は神経質で、なにげないことでもすぐ怒るきらいがある。
할머니는 신경질적이어서 별것 아닌 일에도 금방 화를 내는 경향이 있다.

---

027 : きり(で)

❸ 仕事が忙しく、家事も育児も妻に任せ(っ)きりでいつも悪いと思っている。
일이 바빠서 가사도 육아도 아내에게 맡겨두어서 항상 미안하게 생각하고 있다.

❹ 彼は彼女に振られた後、家にこもりきりだ。
그는 그녀에게 차인 이후로는 집에만 틀어박혀 있다.

---

028 : きり~ない

❸ 一年前に親友と大喧嘩をし、それっきり連絡が途絶えた。
1년 전에 친구와 크게 싸워서 그 후로 연락이 끊겼다.

❹ この服はバーゲンで買ったきり、一度も腕を通していない。
이 옷은 바겐세일에서 산 후 한 번도 입지 않았다.

---

029 : きる

❸ 実家から送られてきたみかんを一週間で食べきった。
집에서 보내 준 귤을 일주일 만에 다 먹었다.

❹ やることがなかったので、五百ページもある推理小説を一日で読みきった。
할 일이 없어서 500페이지나 되는 추리소설을 하루 만에 다 읽었다.

---

030 : きれない

❸ 夜空を見上げると、数えきれないほどの星が目に入ってきた。
밤하늘을 올려다보니 셀 수 없을 만큼 많은 별이 눈에 들어왔다.

❹ 来週までに漢字を百個覚えなければならないが、多すぎて覚えきれない。
다음 주까지 한자를 100개 외워야 하는데 너무 많아서 다 외울 수 없다.

---

031 : きわまる

❹ 新婚旅行で南の島に旅行し、贅沢きわまりない時間を過ごした。
신혼여행으로 남쪽의 섬들을 여행하며 더할 나위 없을 만큼 많은 시간을 보냈다.

❺ 雨のせいで楽しみにしていた体育大会が中止になってしまった。残念きわまりない。
비 때문에 기대했던 체육대회가 중지되어 버렸다. 유감스럽기 그지없다.

❻ 近くの公園はお花見客でにぎわっており、うるさいこときわまりない。
근처 공원은 꽃구경하는 사람들로 붐벼서 너무 시끄럽다.

---

032 : きわみ(極み)

❸ 事業が成功し、彼は贅沢の極みを尽くしている。
사업이 성공하여 그는 지극히 사치스러운 나날을 보내고 있다.

❹ 高級料理を食べている時が至福の極みだ。

고급요리를 먹고 있을 때가 더없이 행복하다.

<hr>

033 : こそ

❹ 彼女が焼いたケーキは、見てくれこそ悪いが味は悪くない。
그녀가 구운 케이크는 보기에는 그렇지만 맛은 나쁘지 않다.

❺ 彼女は才能こそ劣るが、やる気は誰にも負けない。
그녀는 재능은 떨어지지만 의욕은 누구에게도 지지 않는다.

❻ アメリカで三年間生活こそしたがいまだに新聞を読んだりニュースを聞き取るのは難しい。
미국에서 3년간 생활은 했지만 아직 신문을 읽거나 뉴스를 알아듣는 것은 어렵다.

<hr>

034 : ごとく

❼ 彼は風のごとく走り去っていった。
그는 바람처럼 달려가 버렸다.

❽ 彼女はまるでピアノが得意であるかのごとく、演奏するふりをした。
그녀는 마치 피아노를 잘 치는 것처럼 연주하는 척 했다.

❾ 母はまるで子供に話しかけるかのごとく、猫に話しかけた。
어머니는 마치 아이에게 말을 걸듯이 고양이에게 말을 걸었다.

<hr>

035 : ことこのうえない

❸ 留学するときに必要な手続きは複雑なことこのうえない。
유학할 때 필요한 수속은 복잡하기 그지없다.

❹ 大通りを一人で歩いていたら、うっかりつまずいて転んでしまった。恥ずかしいことこのうえない。
대로를 혼자서 걷다가 무심코 발에 채여서 넘어졌다. 창피하기 그지없다.

<hr>

036 : こととて

❸ 初めてのこととて、やり方がよくわからない。
처음이니까 하는 방법을 잘 모르겠다.

❹ 慣れぬこととて、うまくいかない。
익숙하지 않아서 잘 되지 않는다.

<hr>

037 : ことには

❸ すでに時間だが、メンバーが集まらないことには試合を始められない。
이미 시간은 되었는데 멤버가 모이지 않았다면 시합을 시작할 수 없다.

❹ 辛い思い出も、乗り越えないことには前へ進めない。
힘든 일이라도 극복하지 못하면 앞으로 나갈 수 없다.

<hr>

038 : ことはならない

❸ 高校生が喫煙することはならない。
고등학생이 흡연해서는 안 된다.

❹ クラス内のいじめを<u>無視</u>することはならない。
학급 내에서 일어나는 왕따를 무시해서는 안 된다.

❸ 隣に住んでいる人がうるさくて毎晩眠れない。今日という今日は一言<u>言わざるを</u>
<u>えない</u>。
옆집 사람이 시끄러워서 매일 밤잠을 잘 수가 없다. 오늘은 꼭 한 마디 해야 한다.

❹ インフルエンザが流行しているため、残念だが今回の旅行は<u>断念せざるをえない</u>。
인플루엔자가 유행이기 때문에 유감스럽지만 이번 여행은 단념해야 한다.

❸ 酒に弱いくせに何杯も飲んで、挙句の果てに<u>吐いてしまうしまつだ</u>。
술에 약한 주제에 몇 잔이나 마셔서 결국은 토하고 말았다.

❹ 付き合い始めたころはとても優しかったのに、今では<u>返事もしてくれないしまつ</u>
<u>だ</u>。
사귀기 시작했을 때는 정말 상냥했는데 지금은 대답도 잘 안 해 준다.

❸ 彼女の話は嘘<u>ずくめ</u>で、まるで信用できない。
그녀의 말은 거짓말투성이라 전혀 신뢰할 수 없다.

❹ 去年は息子が結婚し、今年は娘に子供が生まれた。まったくめでたいこと<u>ずくめ</u>
だ。
작년에 아들이 결혼하고 올해는 딸이 아기를 낳았다. 정말로 축하할만한 일뿐이다.

❸ 働か<u>ずして</u>一人前の大人になったとは言えない。
일하지 않고 제 몫을 다하는 어른이 되었다고 말할 수 없다.

❹ 期せ<u>ずして意見が一致した</u>。
우연히 의견이 일치했다.

❸ 今日こそは部屋の掃除をするつもりだったが、結局<u>やらずじまいだ</u>。
오늘은 꼭 방청소를 할 생각이었는데 결국은 못하고 말았다.

❹ 日本に来てもう一年になるが、<u>いまだにお寿司も食べずじまいだ</u>。
일본에 온 지 벌써 1년이 되었는데 아직도 초밥도 먹지 못했다.

❸ 会社では上司に叱られ、彼女とは喧嘩した。今日は酒でも<u>飲まずにはいられない</u>。
회사에서는 상사에게 꾸중을 듣고 애인과는 싸웠다. 오늘은 술이라도 마시지 않을 수 없다.

❹ <u>合格証書が届いて、喜ばずにはいられなかった</u>。
합격증서가 도착해서 기뻐하지 않을 수 없었다.

045 : ずにはおかない

❸ 娘が一人で海外旅行に行くと言うので、心配せずにはおかない。
딸이 혼자서 해외여행을 간다고 하니까 걱정될 수밖에 없다.

❹ 愛犬が死んでしまって、泣かずにはおかない。
애완견이 죽어서 울지 않을 수 없다.

046 : ずにはすまない

❸ このような重大なミスを犯しては、解雇されずにはすまない。
이런 중대한 실수를 범하다니 해고당할 수밖에 없다.

❹ 飲酒運転をすると、処罰されずにはすまない。
음주운전을 하면 처벌받을 수밖에 없다.

047 : すら

❸ 試験勉強をしなかったので、一問すら解けなかった。
시험공부를 안 해서 한 문제도 못 풀었다.

❹ 「弘法も筆の誤り」というように、その道のプロですら失敗することはある。
"원숭이도 나무에서 떨어진다"라고 하듯이 그 분야의 프로조차 실패하는 경우가 있다.

048 : そばから

❸ 「ちゃんと前を見て歩きなさい」と言ったそばから転んでしまい、息子は泣き出した。
"앞을 제대로 보고 걸어라" 라고 말하자마자 넘어져서 아들은 울기 시작했다.

❹ 最近の天気は変わりやすく、洗濯物を干したそばから雨が降り出した。
요즘 날씨는 변덕이 심해서 빨래를 널자마자 비가 오기 시작했다.

049 : それはそうと

❸ A : あ、今日の授業出た?
오늘 수업 나갔어?

B : 休んじゃったんだよ。あ、それはそうと、課題出した?
쉬었어. 그건 그렇고 과제 냈어?

❹ 最近風邪が流行ってるね。それはそうと、明日、時間ある?
요즘 감기가 유행이야. 그건 그렇고 내일 시간 있어?

050 : それまでだ

❸ せっかくいいパソコンを買っても、使わなければそれまでだ。
모처럼 좋은 컴퓨터를 산다 해도 사용하지 않으면 의미가 없다.

❹ いくら勉強しても結果が出なければそれまでだ。
아무리 공부해도 결과가 좋지 않으면 무의미하다.

051 : ただ~だけでなく

❼ その映画はただ映像だけでなく、内容もすばらしい。

그 영화는 단순히 영상뿐만 아니라 내용도 훌륭하다.

❽ 母はただ料理が好きであるだけでなく、腕も確かだ。
어머니는 단지 요리를 좋아할 뿐만 아니라 솜씨도 뛰어나다.

❾ その本はただおもしろいだけでなく、生活の役に立つ。
그 책은 단지 재미있을 뿐만 아니라 생활에 도움이 된다.

❿ その選手はただ優勝しただけでなく、世界新記録を打ち出した。
그 선수는 단지 우승했을 뿐만 아니라 세계신기록을 달성했다.

---
052 : だにしない

❸ けっこう自信があったので試験に落ちるとは予想だにしなかった。
꽤 자신이 있었기 때문에 시험에 떨어질 것이라고는 예상도 못했다.

❹ 交通事故に遭うかもしれないと考えるだに怖くなる。
교통사고를 당할 지도 모른다는 생각만으로도 무서워진다.

---
053 : たりとも

❹ 父にしかられることは一度たりともなかった。
아버지에게 혼나는 일은 한 번도 없었다.

❺ 小学生たりともうそをつくことは許されない。
초등학생이라 할지라도 거짓말을 하는 것은 용납되지 않는다.

---
054 : たる

❸ リーダーたる人物とは周りの人から信頼される人物だ。
리더가 될 만한 인물은 주위 사람으로부터 신뢰받는 인물이다.

❹ 学生たる者、勉学に励むべきだ。
학생이라면 면학에 힘써야 한다.

---
055 : たると~たるとをとわず(問わず)

❸ 公務員は国家公務員たると地方公務員たるとを問わず、国家試験を受けなければならない。
공무원은 국가공무원이든 지방공무원이든 간에 국가시험을 치러야한다.

❹ 大国たると小国たるとを問わず、国民は税金を納めなければならない。
대국이든 소국이든 간에 국민은 세금을 내지 않으면 안 된다.

---
056 : つ ~つ

❸ 朝の通勤電車は凄まじく、押しつ押されつしながらやっと着いた。
아침 통근전철은 너무 붐벼서 밀고 밀리면서 겨우 도착했다.

❹ 疲れがたまっているせいか、思考が行きつ戻りつして進まない。
피로가 쌓인 탓인지 생각이 정리가 되지 않아서 진전이 없다.

---
057 : っこない

❸ 今回の期末テストの範囲は教科書一冊分だ。とても終りっこない。

이번 기말시험 범위는 교과서 한 권 분량이다. 아무래도 끝날 것 같지 않다.

❹ そんな抽象的な話をしても、子供に伝わりっこない。

그런 추상적인 이야기를 해도 어린 아이에게 전달될 리 없다.

---

058 : っぱなし

❸ 一日中パソコンの前に 座りっぱなしなので、肩こりがひどい。

하루 종일 컴퓨터 앞에 앉아 있었더니 어깨 통증이 심하다.

❹ 面接の間、緊張しっぱなしだった。

면접 내내 긴장한 채로 있었다.

---

059 : であれ

❸ どんな状況であれ、自分を失ってはいけない。

어떠한 상황이라도 자기 자신을 잃어서는 안 된다.

❹ どんな地位であれ、初心を忘れてはいけない。

어떠한 지위에 있더라도 초심을 잊어서는 안 된다.

---

060 : であれ ~であれ

❹ サッカーであれ、野球であれ、ボールを使うスポーツだ。

축구든 야구든 공을 사용하는 스포츠이다.

❺ 先生であれ、学生であれ、学び続ける姿勢が大切だ。

선생이든 학생이든 계속 배우려는 자세가 중요하다.

---

061 : てからというもの

❸ 日本語を勉強し始めてからというもの、今まで興味のなかった日本の音楽が好きになった。

일본어를 공부하기 시작하고부터는 지금까지 흥미가 없었던 일본 음악이 좋아졌다.

❹ 今年になってからというもの、急に仕事が増え始めた。

올해가 되고부터 갑자기 일이 늘어나기 시작했다.

---

062 : でなくてなんだろう

❸ 昨年の大会で負けたチームと決勝で対戦することになった。これが因縁でなくて何だろう。

작년 대회에서 진 팀과 결승에서 대결하게 되었다. 이것이 인연이 아니고 무엇이랴.

---

063 : ~ては ~ては

❸ お正月休みの間、食べては、寝てはという生活をしていた。

설날 연휴동안 매일 먹고 자고만 하며 보냈다.

❹ 新聞を読むたびに分からない漢字を 調べては、覚えては、やっと辞書がなくても読めるようになった。

신문을 읽을 때마다 모르는 한자를 찾아서 외우기를 반복하여 겨우 사전 없이도 읽을 수 있게 되었다.

---

064 : ではあるまいし

일본어능력시험을 대비한 ▮

❸ 女子高生ではあるまいし、短いスカートを履くな。

여고생도 아니고 짧은 치마를 입지 마라.

❹ 海外旅行に行くのではあるまいし、パスポートは要らないよ。

해외여행을 가는 것도 아니고 여권은 필요 없어.

---

065 : てもさしつかえない

❺ こちらからご連絡する際は電話ではなくメールでもさしつかえないでしょうか。

이쪽에서 연락드릴 때는 전화가 아니라 메일이라도 괜찮겠습니까?

❻ この授業は英語が苦手でもさしつかえない。

이 수업은 영어를 못 해도 상관없다.

❼ おいしければ見た目が悪くてもさしつかえない。

맛있으면 모양이 좋지 않아도 상관없다.

❽ この薬は食前に飲んでもさしつかえありません。

이 약은 식전에 먹어도 상관없습니다.

---

066 : てやまない

❸ 試験に合格する ことを願ってやまない。

시험에 합격하기를 바라 마지않다.

❹ どんなに辛くても、きっといいことがあると信じてやまない。

아무리 힘들어도 꼭 좋은 일이 있을 것이라 믿어 의심치 않는다.

---

067 : とあいまって

❸ 韓流ブームとあいまって、日本からの観光客が 増えている。

한류 붐으로 일본에서 온 관광객이 늘어나고 있다.

❹ ドラマの人気とあいまって、主題歌も売れている。

드라마의 인기 때문에 주제가도 인기가 있다.

---

068 : とあって

❸ オープンしたばかりとあって、駅前のデパートは混み合っている。

개점한지 얼마 되지 않아서 역 앞의 백화점은 붐비고 있다.

❹ 有名人が公演するとあって、地元はお祭り騒ぎだ。

유명인이 공연한다고 하여 그 지방은 축제 분위기이다.

---

069 : とあっては

❺ 大切な友だちの頼みとあっては、協力しないわけにはいかない。

소중한 친구의 부탁이니 협력하지 않을 수 없다.

❻ 辛いものが駄目とあっては、韓国料理店には行けない。

매운 것을 먹지 못하니 한국 음식점에는 갈 수 없다.

❼ 運転したことがほとんどないとあっては、一人で運転するのは危ない。

운전 한 적이 거의 없으니 혼자서 운전하는 것은 위험하다.

⑧ 両親が反対しているとあっては、この結婚は難しい。
부모님이 반대하시니 이 결혼은 어렵다.

---
070 ： とあれば
---

⑤ A ： あの、チャイあります？
　　혹시 차이티 있습니까?

　 B ： チャイは当店のメニューにはございませんが、お客様のご希望とあれば、お作りいたします。
　　차이티는 저희 가게 메뉴에는 없지만 손님이 희망하시면 만들어 드립니다.

⑥ 日当たりもよく、部屋の中もきれいとあれば、この家に決めよう。
볕도 잘 들고 방 안도 깨끗하다면 이 집으로 정하자.

⑦ 値段も安くて、質もいいとあれば、買っても損はしないだろう。
가격도 싸고 질도 좋다면 사도 손해는 보지 않을 것이다.

⑧ お呼びとあれば、すぐに駆け付けます。
부르시면 금방 달려가겠습니다.

---
071 ： ～といい～といい
---

③ この店のコーヒーはかおりといい味といい、最高の品質だ。
이 가게의 커피는 향도 맛도 최고의 품질입니다.

④ 彼女は 英語といい数学といい、いつも優秀でみんなの憧れの的だった。
그녀는 영어도 수학도 언제나 우수해서 모두의 동경의 대상이었다.

---
072 ： というところだ
---

⑤ まだ完全ではないが、まずまずのスタートといったところだ。
아직 완벽하지는 않지만 일단은 시작을 하였다.

⑥ 日本に留学してから半年。少し問題はあるが、概ね順調というところだ。
일본에 유학 와서 반년. 조금 문제는 있지만 대체로 순조로운 편입니다.

⑦ この授業は日本語で行われるので、中級の学習者にはやや難しいといったところだ。
이 수업은 일본으로 진행되기 때문에 중급 학습자에게는 조금 어려운 정도입니다.

⑧ A ： 例のプロジェクトは順調ですか。
　　예전에 말했던 프로젝트는 순조롭게 진행됩니까?

　 B ： ええ。最近やっと 波に乗り始めたといったところです。
　　네. 최근에 겨우 궤도에 오른 정도입니다.

---
073 ： というもの
---

③ 結婚して5年というもの、一度もけんかをしたことがない。
결혼해서 5년 동안 한 번도 싸운 적이 없다.

④ あなたに会ってからというもの、いいことづくしだ。
당신을 만난 후로 좋은 일만 있다.

⑨ いくらその道のプロといえども、失敗することはある。
아무리 그 분야의 프로라고 해도 실패할 때도 있다.

⑩ どんなに彼が優秀といえども、間違えることはあるだろう。
아무리 그가 우수하다고 해도 틀릴 때도 있을 것이다.

⑪ 地理的に近いといえども、歩いて行くには時間がかかる。
지리적으로 가깝다고 해도 걸어서 가기에는 시간이 걸린다.

⑫ 医師の免許があるといえども、皆腕がいいとは限らない。
의사 면허가 있다고 해도 모두 실력이 좋다고는 할 수 없다.

③ 震度五の地震を経験したときの恐怖といったらありはしない。
진도 5도의 지진을 경험했을 때의 공포는 말로 다 할 수 없다.

④ 逆転ホームランを打たれて、悔しいといったらありはしない。
역전 홈런을 맞아서 억울하기 짝이 없다.

③ 別れようと言った 時の彼の顔といったらなかった。
헤어지자고 말했을 때 그의 얼굴은 정말 좋지 않았다.

④ 想像もしなかったプレゼントをもらって嬉しいったらない。
상상도 못했던 선물을 받아서 매우 기뻤다.

③ 彼は旅行が好きで、大学時代から 国内といわず国外といわず、世界中を旅している。
그는 여행을 좋아해서 대학시절부터 국내외 할 것 없이 전 세계를 여행하고 있다.

④ 彼女は動物が好きで、哺乳類といわず爬虫類といわず、いろいろなペットを飼っている。
그녀는 동물을 좋아해서 포유류고 파충류고 할 것 없이 여러 애완동물을 키우고 있다.

⑤ お花見日和かと思いきや、突然 雨が降ってきた。
꽃구경하기 좋은 날이라 생각했는데 갑자기 비가 내렸다.

⑥ 簡単だと思いきや、勉強すればするほど難しくなるようだ。
간단할 줄 알았는데 공부하면 할수록 어려워지는 것 같다.

⑦ 今年の冬は暖かいかと思いきや、とても寒かった。
올해 겨울은 따뜻할 줄 알았는데 매우 추웠다.

⑧ この試合は勝ったと思いきや、九回の裏で逆転された。
이 시합은 이겼다고 생각했는데 9회 말에 역전 당했다.

❸ 親というものは、子供に対してはいくつになってもとかく子供を心配しがちだ。

부모는, 나이가 들어도 자녀를 걱정하기 십상이다.

❹ 人はとかくメディアの言うことを信じがちだ。

사람은 자칫 언론 보도를 믿기 십상이다.

❸ 今年の新入生ときたら、礼儀がなっていない。

올해 신입생으로 말할 것 같으면 예의가 없다.

❹ 最近の若者ときたら、目上の人に対する言葉遣いがなっていない。

요즘 젊은이들은 윗사람에 대한 말투가 공손하지 않다.

❺ 今週は課題が三つもある上、来週は期末テストときているから遊んでいる暇はない。

이번 주는 과제가 세 개나 있는데다가, 다음 주는 기말시험까지 있어서 놀 여유가 없다.

❻ うちの子は最近反抗期で不安定ときているから、ほっておいた方がいい。

우리 아이는 최근에 반항기라 신경이 예민하니까 내버려두는 편이 좋다.

❼ この仕事は残業が多いうえに給料が安いときているから、やめたい。

이 일은 잔업이 많은데다가 월급도 적어서 그만두고 싶다.

❽ 彼女はイギリスで大学院を卒業し、おまけに結婚したときているから移住を決めた。

그녀는 영국에서 대학원을 졸업하고, 게다가 결혼도 했기 때문에 이주하기로 결심했다.

❺ 会議中のところ、突然お邪魔してすみません。

회의 중에 갑자기 방해해서 미안합니다.

❻ ご多忙のところを恐縮ですが、連絡いただけますでしょうか。

바쁘신 와중에 죄송하지만 연락 좀 해 주시겠습니까?

❼ 授業中のところを申し訳ありませんが、後ほどご連絡してもよろしいでしょうか。

수업 중에 죄송하지만 나중에 연락드려도 괜찮겠습니까?

❽ 山の中でクマに襲われそうになったところを猟師に助けられた。

산 속에서 곰에게 습격당할 뻔 했는데 사냥꾼이 구해주었다.

❾ 昨日ニュースになった銀行強盗は、逃走中のところを警察に捕まえられた。

어제 뉴스에 나온 은행 강도는 도주 중에 경찰에게 붙잡혔다.

❺ 高速道路の料金は無料になると思われていたが、無料化どころか、高くなる一方だ。

고속도로 요금은 무료가 될 거라고 생각했는데 무료는커녕 점점 비싸진다.

❻ 最近は 旅行に行くどころか、仕事に追われて休む暇もない。
요즘은 여행 가기는커녕 일에 쫓겨 쉴 틈도 없다.

❼ 彼女は おとなしいどころか、クラスのムードメーカーだ。
그녀는 얌전하기는커녕 그 반의 분위기 메이커이다.

❽ その事件は真相が解明されるどころか、謎が深まるばかりだ。
그 사건은 진상이 밝혀지기는커녕 의혹이 깊어질 뿐이다.

084 ： どころではない

❸ A ： 週末どっか遊びに行かない？
주말에 어딘가 놀러 가지 않을래？

　B ： ごめん、来週試験があって、それどころじゃないんだ。
미안, 다음 주에 시험이 있어서 그럴 상황이 아니야.

❹ 大学入試まで一ヶ月を切った。遊んでいる どころではない。
대학 입시까지 1개월도 남지 않았다. 놀 상황이 아니야.

085 ： ところで

❸ 今になって焦ったところでしかたがない。
지금 와서 안달해 봐야 소용이 없다.

❹ 後悔したところで、時間を戻せるわけではない。
후회한들 시간을 되돌릴 수는 없다,

086 ： となく

❸ 彼はうっぷんを晴らそうと、ビールを 何本となく飲み干した。
그는 울분을 풀기 위해 맥주를 몇 병이나 비웠다.

❹ 研究室の本棚には専門書が 何冊となく並べられている。
연구실의 책장에는 전문서적이 몇 권이나 꽂혀 있다.

087 ： とは

❺ あんなに優しかった彼が 彼女を殴ったとは、まったく信じられない。
그렇게 상냥했던 그가 그녀를 때리다니 정말 믿을 수 없다.

❻ 結婚するのに学歴が必要だとは、時代もずいぶん変わったものだ。
결혼하는 데에 학력이 필요하다니 시대도 많이 변했다.

❼ 韓国にこんなにも日本食のレストランが多いとは、驚いた。
한국에 이렇게나 일본 음식점이 많다니 놀랐다.

❽ 彼が金メダルをとるとは思いもしなかった。
그가 금메달을 딸 것이라고는 생각도 못했다.

088 ： とはいえ

❺ まだ新人とはいえ、あまりにも常識がないようでは困る。
아직 신인이라고는 해도 너무 상식이 없으면 곤란하다.

❻ いくら健康だとはいえ、飲み過ぎると体に良くない。
아무리 건강하다고는 해도 과음하면 몸에 좋지 않다.

❼ このパソコンは多少古いとはいえ、性能がいい。
이 컴퓨터는 다소 낡았다고는 해도 성능이 좋다.

❽ 犯人が捕まったとはいえ、被害者の心の傷が癒えることはない。
범인이 잡혔다고는 해도 피해자의 마음의 상처가 아문 것은 아니다.

089 ： とばかり(に)

❻ ワールドカップの予選で、後半の20分を過ぎた頃から、ここぞとばかりに攻め込んだ。
월드컵 예선에서 후반 20분을 넘긴 시점에서 이제부터라는 듯이 맹공격을 시작했다.

❼ これぐらい簡単だとばかりに、彼はほくそ笑んだ。
이 정도는 간단하다는 듯 그는 싱글거렸다.

❽ 隠し通すのはつらいとばかりに、思いの丈を打ち明けた。
계속 숨기기에는 힘들다는 듯 속마음을 모조리 털어놓았다.

❾ 二度と連絡するなとばかりに、顔に水をかけた。
두 번 다시 연락하지 말라는 듯이 얼굴에 물을 끼얹었다.

090 ： ともあろう

❸ 親ともあろうものが子供をほったらかしにして遊びに行くとは、あきれて言葉も出ない。
부모라는 사람이 아이를 내버려두고 놀러 가다니 어이가 없어서 말도 안 나온다.

❹ 国会議員ともあろう人が酒に酔って暴れるとは非常識だ。
국회의원이라는 사람이 술에 취해 난동을 부리다니 몰상식하다.

091 ： ともなく①

❺ どこからともなくピアノの音色が聞こえてきた。
어디서랄 것도 없이 여기저기서 피아노 소리가 들려왔다.

❻ 誰からともなくうれし涙がこぼれ、その場は歓喜の渦に包まれた。
누가 먼저랄 것도 없이 모두가 기쁨의 눈물로 그 곳은 환희에 휩싸였다.

092 ： ともなく②

❸ 何を見るともなく、ぼんやりと窓の外を見ていた。
무엇을 보려는 것이 아니라 멍하니 창밖을 바라보고 있었다.

❹ 何をするともなく、ただ座っていた。
무엇을 하려는 것이 아니라 그저 앉아 있었다.

093 ： ともなると

❸ この当たりの海は冬の間こそ静かだが、夏ともなると海水浴客でにぎわう。
이 근처 바다는 겨울에는 조용하지만 여름이 되면 해수욕장에 온 사람들로 북적인다.

❹ 医大に進学するともなると、相当お金がかかる。

의대에 진학하게 되면 적잖이 돈이 들 것이다.

094 : ないではすまない

❸ 駐車違反で捕まったら、どんな事情があろうとも罰金を支払わずにはすまない。
주차위반으로 걸리면 어떤 사정이 있건 벌금을 물어야 한다.

❹ 期末試験で赤点を取ってしまった。家に帰ったら両親にしかられずにはすまない。
기말시험에서 낙제 점수를 받았다. 집에 돌아가면 부모님께 혼나야 한다.

095 : ないでもない

❸ A：いける口ですか。
　　술을 잘 마시는 편입니까?

　 B：飲めなくもないですが、それ程強くはないですね。
　　못 마시는 건 아니지만 그렇게 센 편은 아닙니다.

❹ 彼がうそをついた理由はわからないでもない。
그가 거짓말을 한 이유를 모르는 것도 아니다.

096 : ないまでも

❸ A：体の具合はどうですか?
　　몸 상태는 어떻습니까?

　 B：週末ゆっくり休んだおかげで、万全とは言えないまでもだいぶよくなりました。
　　주말에 푹 쉰 덕분에 완쾌는 아니더라도 많이 좋아졌습니다.

❹ 予習はしないまでも、授業中ぐらいはしっかり話を聞くべきだ。
예습은 하지 않더라도 수업 중이라도 제대로 이야기를 들어야 한다.

097 : ながら(に)

❸ 私が大学に合格したことを聞いた祖母は、涙ながらに電話してきた。
내가 대학에 합격한 사실을 들은 할머니는 울면서 전화하셨다.

❹ 姉は生まれながらにして体が弱かった。
언니는 선천적으로 몸이 약했다.

098 : ながら(も)

❺ 子役ながら、大人さながらの演技をする。
아역인데도 어른스러운 연기를 한다.

❻ 新しく発売された携帯電話は、高価ながらも予約が殺到している。
새로이 발매된 휴대전화는 고가인데도 예약이 쇄도하고 있다.

❼ 担任の先生は普段は冷たいながらも、学生の悩みには親身に相談に乗ってくれる。
담임선생님은 평소에는 차갑지만 학생의 고민에는 친절하게 상담해 준다.

❽ 来週は期末テストだが、範囲は短いながらもなかなかはかどらない。
다음 주는 기말시험인데 범위는 적지만 좀처럼 진척되지 않는다.

099 : なくしては

❸ 建設的な議論なくしては、このプロジェクトは成功しない。
　建설적인 논의 없이는 이 프로젝트는 성공할 수 없다.

❹ 努力なくして、結果はついてこない。
　노력 없이 결과는 따라오지 않는다.

100 : なしに

❸ 二年前に卒業した学生が連絡なしに突然研究室を訪ねてきた。
　2년 전에 졸업한 학생이 연락도 없이 갑자기 연구실을 찾아 왔다.

❹ 失敗することなしに成功することはない。
　실패 없이 성공하는 법은 없다.

101 : なにしろ

❸ なにしろ韓国ドラマのファンなので、韓国の芸能界のことは誰よりも詳しいと思います。
　어쨌든 한국 드라마 팬이니까 한국 연예계에 대해서는 누구보다도 잘 안다고 생각합니다.

❹ なにしろ彼は背が高いので、街を歩いているととても目立つ。
　어쨌든 그는 키가 크니까 거리를 거느리면 눈에 잘 띈다.

102 : なまじ

❸ 勤務先の経営状態については何も知らなかったが、なまじ知ってしまったために不安になった。
　근무처의 경영 상태에 대해 전혀 모르고 있다가, 오히려 알고 나서 불안해 졌다.

❹ なまじの優しさは人を傷つけかねない。
　섣부른 상냥함은 남에게 상처를 입힐 수도 있다.

103 : ならでは

❸ 日本ならでは の習慣に慣れるまでは、かなり時間がかかった。
　일본 특유의 습관에 익숙해지기까지는 꽤 시간이 걸렸다.

❹ 一流ホテルならではのサービスに心から満足した。
　일류 호텔만의 서비스에 매우 만족했다.

104 : なり①

❸ 先生は教室に入ってくるなり、テストをすると言い出した。
　선생님은 교실에 들어오자마자 시험을 본다고 말했다.

❹ 彼女は会社を出るなり泣き出してしまった。
　그녀는 회사를 나가자마자 울기 시작했다.

105 : なり②

❸ 部屋に飛び込んだなり、いくら呼んでも出てこなかった。
　방에 들어간 후 아무리 불러도 나오지 않았다.

일본어능력시험을 대비한 ■

④ 友人は私の顔をじっと見つめた**なり**、まばたき一つしなかった。
친구는 내 얼굴을 가만히 바라본 채 눈도 한 번 깜박이지 않았다.

106 : なり~ なり~

④ そんなにお腹がすいているなら、お菓子**なり**パン**なり**、何か食べた方がいいよ。
그렇게 배가 고프면 과자든 빵이든 무언가 먹는 편이 좋아.

⑤ 今年大学四年生になるので、企業研究をする**なり**面接の練習をする**なり**、就職のための準備を始めなければならない。
올해 대학교 4학년이 되기 때문에 기업에 대한 연구를 하던 면접 연습을 하던 취직 준비를 시작해야 한다.

107 : なりに

④ やっと自分なりの答えを見つけた。
겨우 자기 다름대로 답을 찾아냈다.

⑤ バスケットボール部の弟は、体が小さい**なりに**素早い動きでチームを助けている。
농구부인 남동생은 몸집은 작지만 나름대로 빠른 움직임으로 팀을 돕고 있다.

⑥ 期末試験ではがんばって勉強した**なりに**いい点数がもらえた。
기말 시험에서는 열심히 공부한 만큼 좋은 성적을 받을 수 있었다.

108 : なんと(いう)+명사수식절

③ 道に迷って途方にくれていたら、たまたま通りかかったおばあさんが駅まで連れて行ってくれた。**なんという**優しい人なんだろう。
길을 잃고 헤매고 있었는데 마침 지나가던 할머니가 역까지 데려다 주셨다. 이 얼마나 상냥한 사람인가.

④ 国民の税金を無駄遣いするとは、なんという愚かな政治家だろう。
국민들의 세금을 낭비하다니 이 얼마나 어리석은 정치가인가.

109 : なんと(いう)+명사

③ もう四月になったというのに雪が降った。なんという天気だろう。
벌써 4월이 되었는데 눈이 내렸다. 얼마나 이상한 날씨인가.

④ 一人でカレーライスを四皿もたいらげるなんて、なんという食欲だ。
혼자서 카레라이스를 4접시나 먹어 치우다니, 정말 대단한 식욕이다.

110 : にあっても

③ どんなに辛い状況**にあっても**、彼女が弱音を吐いたことは一度もない。
아무리 힘든 상황에서도 그녀가 약한 말을 한 적은 한 번도 없다.

④ 祖父は病床**にあっても**、常に家族のことを気遣ってくれた。
할아버지는 병상에서도 항상 가족들을 신경 써 주셨다.

111 : にあっては①

③ 赤字続きの経営状況にあっては、経営方針の転換が求められる。
적자가 계속되는 경영 상황에서는 경영 방침의 전환이 필요하다.

❹ <u>余震が続いている状況</u>にあっては、むやみに家の外に出ることさえ危険だ。
여진이 계속되는 상황에서는 함부로 집 밖에 나가는 것조차 위험하다.

❸ <u>汚職事件</u>でも、大物の政治家にあっては、<u>マスコミも簡単に報道</u>できない。
오직사건이라도 거물급 정치가에 관해서는 매스컴도 간단히 보도할 수 없다.

❹ <u>柔道の金</u>メダリストにあっては、どんな大男も敵わない。
유도 금메달리스트에게는 어떠한 덩치 큰 남자라도 못 당해 낸다.

❸ <u>退職</u>にいたって、長年の苦労が <u>よい思い出</u>になった。
퇴직에 이르자 오랜 시간동안 고생해 온 것이 좋은 추억이 되었다.

❹ <u>卒業する</u>にいたって、これまでの思い出が走馬灯のように蘇ってきた。
졸업에 이르자 지금까지의 추억이 주마등처럼 되살아났다.

❸ 弟は運動神経抜群だが、<u>水泳</u>にいたっては<u>オリンピックに出られるほどの実力</u>だ。
남동생은 운동신경이 뛰어난 편인데 특히 수영은 올림픽에 나갈 수 있을 정도의 실력이다.

❹ <u>みんなが私を疑っている</u>ようだが、彼に至っては私を犯人扱いしている。
모두가 나를 의심하고 있는 것 같은데 그 사람까지도 나를 범인 취급하고 있다.

❸ 今の会社を辞めて転職にいたるには、長い時間を要した。
지금의 회사를 그만두고 전직에 이르기까지는 오랜 시간이 필요했다.

❹ 労働環境をよくするため、<u>労働組合</u>を<u>結成する</u>に<u>至った</u>。
노동환경을 개선하기 위해 노동조합을 결성하기에 이르렀다.

❸ 昨日河川敷で開かれたマラソン大会には、<u>子供</u>から<u>お年寄り</u>にいたるまで約六百人もの人が参加した。
어제 하천부지에서 열린 마라톤 대회에는 아이부터 노인에 이르기까지 약 600명 정도가 참가했다.

❹ 学園祭は<u>在学生</u>から<u>OB</u>にいたるまで、本当にたくさんの人の協力を得て成功させることができた。
학교 축제는 재학생에서 졸업생에 이르기까지 정말 많은 사람의 협력을 얻어 성공할 수 있었다.

❸ <u>ご家族の皆様</u>におかれましては、益々ご活躍のこととお喜び申し上げます。
가족 여러분들께는 더욱 더 활약해 주실 것을 부탁드립니다.

❹ 新緑がまぶしい季節になりました。<u>先生</u>におかれましては、いかがお過ごしでしょうか。
신록이 눈부신 계절이 되었습니다. 선생님께서는 어떻게 지내시는지요?

| 118 ： にかかわる |

❸ 人のプライバシーに関わる問題に口を挟むのはよくない。

남의 프라이버시에 관한 문제에 간섭하는 것은 좋지 않다.

❹ 将来は国際協力にかかわる仕事に就きたい。

장래에는 국제 협력에 관한 일을 하고 싶다.

| 119 ： にかこつけて |

❸ エイプリルフールにかこつけて友達が驚くような嘘をついた。

만우절을 핑계로 친구가 놀랄만한 거짓말을 했다.

❹ 地方への出張にかこつけて温泉に一泊し、羽を伸ばしてきた。

지방으로 출장을 간다는 구실로 온천에서 하룻밤 머물며 푹 쉬고 왔다.

| 120 ： にかたくない |

❸ 地震で家を失った人の心情は想像にかたくない。

지진으로 집을 잃은 사람의 심정은 충분히 상상이 간다.

❹ 子供が生まれたときの喜びは察するにかたくない。

아이가 태어났을 때의 기쁨은 충분히 추측이 간다.

| 121 ： にかまけて |

❸ 遊びにかまけて宿題さえしなかった。

놀기에 정신이 팔려서 숙제조차도 하지 않았다.

❹ このところ仕事にかまけて夫婦の会話が少なくなってしまった。

요즘 일에 얽매여 부부간의 대화가 적어졌다.

| 122 ： にこしたことはない |

❺ 大きな手術をするのであれば、有名な病院であるにこしたことはない。

대수술을 할 거라면 유명한 병원이면 더할 나위 없다.

❻ リーダーは、ものの考え方が柔軟であるにこしたことはない。

리더는 사고방식이 유연하다면 더할 나위 없이 좋다.

❼ 大学受験の準備は早いにこしたことはない。

대학 수험준비는 빨리 할수록 좋다.

❽ 貯金はあるにこしたことはない。

저금은 있는 것이 더할 나위 없이 좋다.

| 123 ： にしたって① |

❸ デートにしたって、交通費、食事代といろいろお金がかかる。

데이트를 하면 교통비, 식사비 등 여러 가지로 돈이 든다.

❹ 就職にしたって、給料だけでなくその会社の将来性も考えなければならない。

취직을 한다면 급여뿐만 아니라 그 회사의 장래성도 고려해야 한다.

| 124 ： にしたって② |

❸ 小さい子供がいたら、ちょっとスーパーに行くにしたって目を離さないように注意しなければならない。

어린 아이가 있으면 잠깐 슈퍼에 가는 경우라도 눈을 떼지 않도록 주의해야 한다.

❹ ダイエットをするにしたって適度に運動するならいいが、食事を抜くのは良くない。

다이어트를 할 경우라도 적절한 운동은 좋지만 식사를 거르는 것은 좋지 않다.

125 ： にして①

❺ 彼女はプロのダンサーにして家庭では二児の母である。

그녀는 프로 댄서인데다 가정에서는 두 아이의 엄마이다.

❻ あの歌手は 六十歳にして毎年全国ツアーをすることで知られている。

그 가수는 60살인데도 매년 전국 투어를 하는 것으로 유명하다.

❼ デビュー後五年目にして初めてアルバムの売り上げが二十万枚を越えた。

데뷔 후 5년차에 처음으로 앨범 매상이 20만장을 넘었다.

❽ 入社十年目にしてようやく課長に昇進した。

입사 10년차에 겨우 과장으로 승진했다.

126 ： にして②

❸ 海外で不幸にして盗難に遭い、現金とパスポートを盗まれた。

해외에서 불행하게도 도난을 당하여 현금과 여권을 도둑맞았다.

❹ 人は生まれながらにして平等である。

사람은 태어나면서부터 평등하다.

127 ： にそくして(に即して)

❸ メディアは 事実に即した報道をするべきである。

미디어는 사실에 입각하여 보도를 해야 한다.

❹ 年金制度は実態に即して改革する必要がある。

연금제도는 실정에 따라 개혁할 필요가 있다.

128 ： にたえない

❸ 応援している野球チームの試合を見に来たが、試合開始から大差でリードされてしまった。まったく見るにたえない試合だった。

응원하고 있는 야구팀의 시합을 보러 왔는데 시작하자마자 큰 차이로 지기 시작했다.
차마 눈뜨고 볼 수 없는 시합이었다.

❹ 最近のインターネットには、読むにたえない書き込みが多く、不愉快だ。

최근 인터넷에는 차마 읽을 수 없는 글이 많아서 불쾌하다.

129 ： にたえる

❸ この作品はファンだけでなく専門家の批評にもたえる出来だ。

이 작품은 팬들뿐만이 아니라 전문가가 평할 만한 작품이다.

❹ テレビ局には見るにたえる番組をどんどん作ってほしい。

방송국에서는 볼만한 프로그램을 더 많이 만들어 주었으면 좋겠다.

130 : にたりない(に足りない)

③ そんな奴は威張っているだけで、恐れるに足りない。

그런 녀석은 으스대기만 할 뿐이니까 두려워할 필요는 없다.

④ 政治家が汚職事件を起こすことなど、驚くに足りない。

정치가가 오직사건을 일으키는 것쯤은 놀랄 것도 없다.

131 : にたる

③ 彼女は信頼するに足る人物だ。

그녀는 신뢰할 수 있는 인물이다.

④ 語るに足る経験を積み重ねていきたい。

이야기 거리가 될 만한 경험을 쌓아가고 싶다.

132 : につき

③ 妊娠中につき、アルコールも煙草も控えている。

임신 중에는 술도 담배도 삼가하고 있다.

④ 現在調査中につき、この件について答えることはできない。

현재 조사 중이므로 이 건에 대해서는 대답할 수 없다.

133 : にとどまらず

③ A社は 自動車にとどまらず保険 の市場にも進出を始めた。

A사는 자동차뿐만 아니라 보험 시장에도 진출하기 시작했다.

④ 音楽が好きな彼女はバイオリンにとどまらず、ピアノやフルートなど他の楽器も演奏できる。

음악을 좋아하는 그녀는 바이올린뿐만 아니라 피아노와 플룻 등 다른 악기도 연주할 수 있다.

134 : になく

③ いつも帰りが遅い息子が、今日は例になく早く帰宅した。

항상 귀가 시간이 늦은 아들이 오늘은 평상시와 달리 일찍 귀가했다.

④ 普段は冗談ばかり言っている彼が、柄にもなく真面目な話をするので驚いた。

평소에는 농담만 하던 그가 성격과 달리 진지한 이야기를 하기에 놀랐다.

135 : にはあたらない

③ 彼女の実力を考えると、今回の結果は驚くにはあたらない。

그녀의 실력을 생각하면 이번 결과는 놀랄 것까지는 없다.

④ オリンピック代表選手の成績が振るわなかったからとって、選手を非難するにはあたらない。

올림픽 대표선수의 성적이 우수하지 못했다고 해서 선수를 비난할 것까지는 없다.

136 : にひきかえ

③ 日本語能力試験2級にひきかえ、1級 はあまりにも難しくて手が出なかった。

일본어능력시험 2급과 달리 1급은 너무 어려워서 엄두도 못 냈다.

❹ 気温が三十五度まで上がった昨日にひきかえ、今日は三十度までしか上がらなかった。

기온이 35도까지 올라간 어제에 비해 오늘은 30도까지밖에 오르지 않았다.

---

137 : にもまして

❸ 日本はもともと物価が高い方だが、最近は以前にもまして高くなっている。

일본은 원래 물가가 비싼 편이지만 최근에는 이전보다 더 비싸지고 있다.

❹ 何にもまして大切なのは、時間を有効に使うことだ。

무엇보다 소중한 것은 시간을 효과적으로 쓰는 것이다.

---

138 : ぬく

❸ せっかくここまで頑張ってきたのだから、最後までやりぬこう。

기껏 여기까지 열심히 해왔으니까 끝까지 해내자.

❹ 仕事は激務だったが、退職するまで耐え抜いた。

일이 너무 힘들었지만 퇴직할 때까지 참아냈다.

---

139 : の…ないのって

❸ A : 経済学の授業どうだった?

경제학 수업 어땠어?

B : 難しいの難しくないのって、さっぱり理解できなかったよ。

어려운 것 같기도 하고 쉬운 것 같기도 한데 도무지 이해가 안 돼.

❹ 昨日は三歳の息子が遊園地に行くの行かないのって散々わめいて大変だった。

어제는 3살짜리 아들이 유원지에 가네 마네 하면서 떠들어대는 바람에 힘들었다.

---

140 : のみ

❸ 原稿の締め切りが迫っているが、気持ちが焦るのみでなかなか進まない。

원고 마감일이 다가오는데 초조하기만 할 뿐 일이 좀처럼 진행되지 않는다.

❹ やれることは全てやった。後は結果を出すのみだ。

할 수 있는 일은 전부 했다. 남은 것은 결과를 내는 것뿐이다.

---

141 : のみならず

❺ 運動は ダイエットのみならず、ストレス解消 にも効果がある。

운동은 다이어트뿐만 아니라 스트레스해소에도 효과가 있다.

❻ 彼は純粋であるのみならず、芯のある人物だ。

그는 순수할 뿐만 아니라 심지가 굳은 사람이다.

❼ うちの猫は 愛らしいのみならず、とても利口だ。

우리 집 고양이는 귀여울 뿐만 아니라 매우 똑똑하다.

❽ 外国語を学ぶということは単に外国語が話せるのみならず、たくさんの人とコミュニケーションが取れるということだ。

외국어를 배운다는 것은 단순히 외국어를 할 수 있다는 것만이 아니라 많은 사람과 커뮤니케이션을 할 수 있다는 것이다.

142 : はおろか

③ 彼ときたら、<u>漢字</u>はおろか、カタカナも読めない。
그는 한자는 말할 것도 없고 가타카나도 못 읽는다.

④ 一昔前は、<u>贅沢</u>はおろか、<u>日々生きていく</u>のが<u>精一杯</u>だった。
옛날에는 사치는 말할 것도 없고 하루하루 살아가는 것도 힘들었다.

143 : ばかりだ

③ 国会議員の不正に対し、<u>批判</u>は<u>高まる</u>ばかりだ。
국회의원의 부정에 대하여 비판의 소리가 높아질 뿐이다.

④ <u>去年の企業業績は悪化していく</u>ばかりだった。
작년의 기업 업적은 악화되어 갈뿐이다.

144 : ばかりの

③ <u>裏山</u>でまぶしいばかりの<u>新緑</u>を<u>楽しんだ</u>。
뒷산에서 눈부신 신록을 즐겼다.

④ <u>窓</u>からは<u>息を呑む</u>ばかりの<u>眺め</u>が<u>見渡せる</u>。
창문을 통해 숨을 죽일 만큼 훌륭한 전망을 바라볼 수 있다.

145 : んばかり

③ 私は彼女に対する<u>溢れ</u>んばかりの思いを<u>打ち明けた</u>。
나는 그녀를 향한 넘치는 애정을 털어놓았다.

④ うちの子は<u>泣か</u>んばかりに<u>私の方</u>へ<u>駆け寄</u>ってきた。
우리 아이는 금방이라도 울 것 같은 얼굴로 나를 향해 뛰어왔다.

146 : ばかりに①

③ <u>主人</u>に会いたいばかりに、その犬は<u>何日</u>もの<u>間待ち続けた</u>。
주인을 만나고 싶어서 그 개는 며칠 동안 계속 기다렸다.

④ <u>彼女</u>はブランド品がほしいばかりに水商売まで始めた。
그녀는 브랜드 상품을 갖고 싶어서 술장사까지 시작했다.

147 : ばかりに②

③ 人がいいばかりに、だまされやすい。
사람이 너무 좋아서 속기도 쉽다.

④ <u>上司の話を聞いて</u>いなかったばかりに、とんでもないミスをしてしまった。
상사의 이야기를 듣지 않아서 어이없는 실수를 해버렸다.

148 : ばかりも(は)いられない

③ 家事もたまっているし、体調が悪いからといって<u>休んで</u>ばかりはいられない。
집안일도 쌓여 있고 하여 몸 상태가 안 좋다고 쉬고만 있을 수 없다.

④ <u>不景気の時代、就職が決まった</u>からといって喜んでばかりもいられない。

불경기에는 취직이 결정되었다고 하여 기뻐하고만 있을 수 없다.

❺ 安い食堂であればこそ、学生やサラリーマンから支持されるのだ。
값이 싼 식당이어야만 학생들과 샐러리맨에게 지지를 받는다.

❻ 健康であればこそ、毎日好きなものを食べ、好きなことをして生きていけるのだ。
몸이 건강해야만 매일 좋아하는 것을 먹고 좋아하는 일을 하면서 살아갈 수 있다.

❼ 人々の関心が高ければこそ、このイベントは盛り上がるのだ。
사람들의 관심이 높아야만 이 이벤트는 성공할 수 있다.

❽ 材料にこだわればこそ、質のいい商品ができるのだ。
재료에 신경을 써야만 질이 좋은 상품이 만들어진다.

❻ 国内はさておき、海外では十分過ぎるほど身の回りに注意を払うべきだ。
국내는 둘째 치고 해외에서는 충분히 신변에 주의를 기울여야 한다.

❼ 給料はさておき、今の仕事にやりがいは感じている。
급여는 둘째 치고 지금 하는 일에 보람을 느끼고 있다.

❽ 役立つかはさておき、新しい技術が次々と開発されている。
도움이 되는 지는 둘째 치고 새로운 기술이 끊임없이 개발되고 있다.

❸ いくら才能があっても、才能を発揮する努力をしなければそれまでだ。
아무리 재능이 있어도 재능을 발휘하려는 노력을 하지 않으면 그만이다.

❹ たとえ素晴らしい道具を持っていても、使いこなせなければそれまでだ。
설령 좋은 도구를 가지고 있어도 제대로 사용할 줄 모르면 그만이다.

❸ 寝るときは電気をつけっぱなしにしないで消してから寝ること。
잘 때는 전기를 켜놓지 말고 끈 후에 잘 것.

❹ 姉は窓を開けっぱなしで出かけてしまった。
언니는 창문을 열어둔 채로 외출했다.

❸ 朝から晩まで立ちっぱなしで腰が痛い。
아침부터 밤까지 계속 서 있었더니 허리가 아프다.

❹ 二ヶ月になる娘は一晩中泣きっぱなしだった。
2개월이 되는 딸은 밤새 울기만 했다.

❸ このテーマパークは、子供はもとより大人も楽しめる。
이 테마파크는 아이들은 물론 어른들도 즐길 수 있다.

④ 彼は、脚本を書くのはもとより、演技もできる。
그는 각본을 쓰는 것은 물론 연기도 할 줄 안다.

155 : べからざる

③ 飼えなくなったからといってペットを捨てる など、あり得べからざる行為だ。
키울 수 없게 되었다고 해서 애완동물을 버리는 것은 있어서는 안 될 행위이다.

④ 彼はこの国の発展に貢献した 忘れるべからざる人物だ。
그는 이 나라의 발전에 공헌한 잊어서는 안 될 인물이다.

156 : べからず

③ 運転中はよそ見をするべからず。
운전 중에는 한 눈 팔지 말라.

④ 常にあせらず、慎重でなければならない。何事も急ぐべからず。
항상 서두르지 말고 신중해야 한다. 무엇이든 서두르지 말라.

157 : べく

③ 麻薬の取り締まりを強化すべく、多数の警察官が派遣された。
마약의 단속을 강화하고자 많은 경찰관들이 파견되었다.

④ 環境問題を改善すべく、サミットが開催された。
환경문제를 개선하기 위해 정상회담이 개최되었다.

158 : べくして

③ 人は皆生まれるべくしてこの世に生まれた。
사람은 모두 태어날만하여 이 세상에 태어났다.

④ 私達チームの勝利は決して偶然ではない。勝つべくして勝ったのだ。
우리 팀의 승리는 결코 우연이 아니다. 이길 만하니까 이긴 것이다.

159 : ほかならない(ぬ)

③ ほかならぬ親友の頼みなので、とても断れない。
다름 아닌 친한 친구의 부탁이니까 거절 할 수 없다.

④ 窮地から私を救ってくれたのは、他ならぬあなただった。
궁지에 몰린 나를 구해준 것은 다름 아닌 당신이었다.

160 : ほど

④ 彼は政治経済に異常なほど関心を持っている。
그는 정치경제에 상당한 관심을 가지고 있다.

⑤ あの占い師の言うことは全て当たっていて、怖いほどだ。
그 점쟁이가 하는 말은 전부 들어맞아서 무서울 정도이다.

⑥ 彼女の歌声はとても美しく、惚れ惚れするほどだった。
그녀의 노랫소리는 너무 아름다워서 반할 정도였다.

161 : まい

⑤ お盆休みの遊園地は人でごった返していた。こんな所にはもう二度と来るまい。
추석 연휴의 유원지에는 사람들로 몹시 붐볐다. 이런 곳에는 두 번 다시 오지 않을 것이다.

⑥ 別れた恋人には二度と会うまいと決めた。
헤어진 애인과는 두 번 다시 만나지 않겠다고 결심했다.

⑦ また同じ失敗をしまいか不安でたまらない。
또 같은 실패를 하지 않을까 불안해서 견딜 수 없다.

⑧ 幽霊を見たと言ったところで、きっと誰も信じてくれまい。
유령을 봤다고 한들 분명 아무도 믿어주지 않을 것이다.

162 : でもあるまいし

❸ 友達でもあるまいし、私の私生活に口出しするのはやめてほしい。
친구도 아닌데 나의 사생활에 참견하는 것은 그만두어라.

❹ 小学生でもあるまいし、好き嫌いをして食べるのはやめなさい。
초등학생도 아니고 편식하지 마라.

163 : のではあるまいか

⑤ その事故は運転手の居眠りが原因なのではあるまいか。
그 사고는 운전수의 졸음운전이 원인인 것 같다.

⑥ 子供にそんなことをさせるのは無理ではあるまいか。
아이에게 그런 일을 시키는 것은 무리인 것 같다.

⑦ 新入社員にそのような責任ある仕事を任せるのは、あまりにも負担が大きいのではあるまいか。
신입 사원에게 그러한 책임이 막중한 일을 맡기는 것은 너무 부담이 큰 것 같다.

⑧ 何年経っても顔が変わらないなんて、整形をしているのではあるまいか。
몇 년이 지나도 얼굴이 변하지 않다니 성형을 한 것 같다.

164 : くれまいか／もらえまいか

❸ 友人に、結婚式の司会をやってもらえまいかと頼まれた。
친구에게 결혼식 사회를 맡아 달라고 부탁받았다.

❹ 親友の君にお願いがある。僕の頼みを聞いてくれまいか。
친구인 너에게 부탁이 있어. 나의 부탁을 들어주지 않을래?

165 : まじき

❸ 学生が教師を殴るなんて、許すまじき行為だ。
학생이 교사를 때리다니 용서할 수 없는 행위이다.

❹ 開き直って反省一つしないのはあるまじき態度だ。
정색하고서 반성도 하지 않는 것은 있을 수 없는 태도이다.

166 : ～もまして

❸ 彼女は何にもまして仕事が好きだ。
그녀는 무엇보다도 일을 좋아한다.

❹ 韓国旅行はとても楽しかった。料理もおいしかったが、それにもましてよかったの
はいろいろな出会いがあったことだ。
한국여행은 정말 즐거웠다. 요리도 맛있었지만, 그 이상으로 좋았던 것은 다양한 경험을 한 것이다.

167 : まで

❸ A : 何かあったの?
　　무슨 일 있었어?

　B : 別になにもないけど。どうして?
　　아무 일도 없는데. 왜?

　A : 最近元気がなさそうに見えたから、ちょっと 聞いたまでだよ。
　　요즘 기운이 없어 보여서 물어본 것뿐이야.

❹ 電車でお年寄りに席を譲るぐらい、何も驚くことはない。当たり前のことをした
までだ。
지하철에서 노인 분께 자리를 양보하는 것쯤은 놀랄 일도 아니다. 당연한 일을 한 것뿐이다.

168 : まで(のこと)だ

❸ 彼ができないと言うなら、他の人に頼むまでのことだ。
그가 못 한다고 하면 다른 사람에게 부탁하는 수밖에 없다.

❹ 失敗したからって、たいしたことはないよ。また一から出直すまでのことだ。
실패했다고 하지만 별 것 아니야. 다시 처음부터 시작하면 되는 거야.

169 : まで(のこと)もない

❸ 海外に出るためにはパスポートが必要だなんて、わざわざ説明するまでのこともな
い。
해외에 나가기 위해서는 여권이 필요하다는 것쯤은 일부러 설명할 필요도 없다.

❹ 娘が大学に決まった。家族全員が喜んだことは言うまでもない。
딸이 대학에 합격했다. 가족 모두가 기뻐한 것은 말할 필요도 없다.

170 : まみれ

❸ 家から駅まで走ったので、汗まみれになってしまった。
집에서 역까지 뛰었더니 땀범벅이 되어버렸다.

❹ 犯行現場の部屋は血まみれだった。
범행 현장이었던 방은 피투성이였다.

171 : めく

❸ 日に日に暑さも増し、だいぶ夏めいてきた。
나날이 더위도 더해져서 꽤 여름다워졌다.

❹ この地域には謎めいた遺跡が残されている。
이 지역에는 수수께끼 같은 유적이 남아 있다.

172 : もさることながら

❸ この歌手の新曲はメロディもさることながら、歌詞も非常にいい。

이 가수의 신곡은 멜로디도 좋지만 가사도 너무 좋다.

❹ このホテルはサービスもさることながら、部屋から見える景色も素晴らしかった。

이 호텔은 서비스도 좋지만 방에서 보이는 경치도 훌륭했다.

173 : ものがある

❹ 彼の考え方には、一般人には理解しにくい独特なものがある。

그의 사고방식은 보통사람이 이해하기 힘든 독특한 점이 있다.

❺ 年を取ってから転職するのは、なかなか厳しいものがある。

나이를 먹고 이직한다는 것은 매우 힘든 면이 있다.

❻ 彼女の成長ぶり は、目をみはるものがある。

그녀의 성장 과정에는 놀랄만한 점이 있다.

174 : ものでもない①

❸ 最近ペットを捨てる人が多い中で、捨てられた動物を引きとって育てている人がいるという。世の中捨てたものでもないと思った。

최근 애완 동물을 버리는 사람이 많은 가운데, 버려진 동물을 맡아서 키우는 사람도 있다고 한다. 세상은 아직까지는 괜찮다고 생각했다.

❹ 子供だからといって見くびったものでもない。

아이라고 해서 얕보아서는 안 된다.

175 : ものでもない②

❸ 彼の言っていることは、わからないものでもない。

그가 말하는 것은 이해못할 것도 없다.

❹ コンピューターの知識はほとんどないが、メールの送信ぐらいならできないものでもない。

컴퓨터에 관한 지식은 거의 없지만 메일을 송신하는 정도라면 못할 것도 없다.

176 : ものなら

❸ 父は潔癖症なので、床に髪の毛一本落ちていようものなら すぐに掃除機を持ち出してくる。

아버지는 결벽증이어서 마루에 머리카락 한 올만 떨어져 있어도 금방 청소기를 꺼내 오신다.

❹ 最近の若者はちょっと注意しようものならすぐに泣き出してしまう。

최근의 젊은이는 조금만 주의를 주려고 하면 금방 울어버린다.

177 : ものを

❹ こんな問題、私に聞けば簡単なものを、一人でやろうとするから大変なんだ。

이런 문제는 나한테 물어보면 간단한 것을 혼자서 하려고 하니까 힘들지.

❺ 知らないふりをしていればいいものを、どうして本当のことを話してしまたんですか。

모르는 척 하고 있었으면 좋았을 것을 왜 진실을 말해버렸습니까?

❻ そんなにお腹がすいていたなら何か買ってきたものを、どうして黙っていたの。

　　그렇게 배가 고팠다면 뭔가 사왔을 텐데 왜 아무 말도 하지 않았어.

178 : やいなや

❸ うちに帰るやいなや、飼っている猫が駆け寄ってきた。

　　집에 돌아오자마자 기르고 있는 고양이가 달려왔다.

❹ 学校を出るやいなや、雨が降り出した。

　　학교에서 나가자마자 비가 내리기 시작했다.

179 : やむ

❸ 急に非常ベルが鳴り出したかと思ったら、すぐに鳴り止んだ。

　　갑자기 비상벨이 울리기 시작하더니 금방 멈추었다.

❹ 今朝になって、雪はすっかり降り止んだ。

　　오늘 아침이 되어 눈은 완전히 멈추었다.

180 : ゆえ(故)

❺ 彼は強盗の罪で逮捕されたが、未成年であるがゆえに釈放された。

　　그는 강도죄로 체포되었지만 미성년자라는 이유로 석방되었다.

❻ 問題が深刻であるがゆえに一刻も早い解決が望まれる。

　　문제가 심각해 졌지만 조금이라도 빨리 해결되기를 바란다.

❼ これといって必要ではないが安いがゆえについ買ってしまった。

　　특별히 필요하지는 않지만 싸다는 이유로 그만 사버렸다.

❽ 焦ってしまったがゆえに仕事でミスをしてしまった。

　　긴장한 바람에 일에서 실수를 해버렸다.

181 : ようがない

❸ お酒は好きではないが、先輩の誘いなので 断りようがない。

　　술은 좋아하지는 않지만 선배의 권유이기 때문에 거절할 수가 없다.

❹ 何度失敗しても反省しない人は 救いようがない。

　　몇 번이나 실패해도 반성하지 않는 사람은 구제할 방법이 없다.

182 : ~ようと~まいと

❸ その噂を信じようと信じまいと、あなたの自由です。

　　그 소문을 믿든 안 믿든 당신 자유입니다.

❹ 彼女に話そうと話すまいと、君の勝手だ。

　　그녀에게 말하든 말 안하든 너 마음이다.

183 : ~ようが~まいが

❸ 日本語能力試験は明日なんだから、今から勉強しようがしまいが、結果は同じだ。

　　일본어능력시험은 내일이니까 지금부터 공부하든 안하든 결과는 같다.

❹ 私が彼に会おうが会うまいが、あなたには関係ない。

내가 그를 만나든 안 만나든 당신과는 상관없다.

❺ どんなに厳しい道のり**だろうとも**、君の協力があれば乗り越えられる。
아무리 험한 길이라도 당신의 협력만 있으면 극복할 수 있다.

❻ たとえ私が未熟**だろうとも**、やる気だけは誰にも負けない。
설령 내가 미숙하다 하더라도 의욕만은 누구에게도 지지 않는다.

❼ どんなに辛かろうとも、これを乗り越えられればきっと成長できるよ。
아무리 힘들더라도 이것을 극복하면 분명 성장할 수 있을 것이다.

❽ いくら人に非難されようとも、これだけは譲れない。
아무리 사람들에게 비난당하더라도 이것만은 양보할 수 없다.

❸ 最後までみんなで力を合わせようではないか。
끝까지 다함께 힘을 모아야 되지 않겠는가?

❹ ずっと忙しかったんだから、たまにはゆっくりしようじゃないか。
계속 바빴으니까 가끔은 쉬어야 하지 않겠는가.

❸ 今からステージに上がって演奏すると思うと、落ち着こうにも落ち着けなかった。
지금부터 무대에 올라가 연주한다고 생각하면 침착하려 해도 침착할 수 없다.

❹ 雨がなかなかやまないので出かけ**ようにも**出かけられない。
비가 좀처럼 그치지 않아서 나가려해도 나갈 수 없다.

❸ 彼はメディアからの批判を**よそに**平然と人前に現れた。
그는 미디어의 비판은 아랑곳 하지 않고 태연하게 사람들 앞에 나타났다.

❹ この会社は近年の不景気を**よそに**、着々と業績を上げている。
이 회사는 최근의 불경기와 상관없이 끊임없이 업적을 올리고 있다.

❸ 兄は酒は飲むわタバコは吸うわで体に悪いことばかりしているが、なぜか健康だ。
형은 술도 마시고 담배도 피우는 등 몸에 나쁜 것만 하고 있는데 의외로 건강하다.

❹ 今日は始発で出かけたために寒い**わ**眠い**わ**で体調を崩してしまった。
오늘은 첫차로 나갔기 때문에 춥기도 하고 졸리기도 하더니 몸 상태가 안 좋아지고 말았다.

❸ コンピューター関連なら、彼女をおいて適任者はいないだろう。
컴퓨터 관련이라면 그녀 이외에 적임자는 없을 것 같다.

❹ 何をおいても、乗客の安全は第一に守らなければならない。
그 무엇보다도 승객의 안전이 가장 우선시 되어야 한다.

❸ この日をかぎりに引退することを決意した。
이 날을 끝으로 은퇴할 것을 결심했다.

❹ 今年をかぎりにこの学校の学生たちともお別れだ。
올해를 끝으로 이 학교의 학생들과도 이별이다.

191 : をかわきりに(を皮切りに)

❸ 韓国戦を皮切りにワールドカップが始まった。
한국과의 시합을 기점으로 월드컵이 시작되었다.

❹ 東京でのコンサートを皮切りに全国ツアーが始まった。
도쿄에서 열리는 콘서트를 기점으로 전국 투어가 시작되었다.

192 : をきんじえない

❸ 事故のニュースを聞くたびに悲しみを禁じえない。
사고 뉴스를 들을 때마다 슬픔을 금치 않을 수 없다.

❹ まさかの展開に、驚きを禁じえない。
(일이) 의외로 전개되는 것에 놀라움을 금치 않을 수 없다.

193 : をふまえて

❸ これまでの試験の傾向をふまえて勉強しなければならない。
지금까지의 시험 경향을 토대로 공부해야 한다.

❹ 制度改革については現実をふまえて議論していかなければならない。
제도개혁에 관해서는 현실을 기반으로 의논해 가야 한다.

194 : をもって①

❸ 書類選考の合否は書面をもって連絡する。
서류 선고의 합격 여부는 서면으로 연락한다.

❹ 社会に出て世の中の厳しさを身をもって知った。
사회에 나가서 세상의 혹독함을 몸소 알게 되었다.

195 : をもって②

❸ 当店は三月をもちまして閉店いたします。
당점은 3월부터 폐점합니다.

❹ 本日をもちまして仕事をやめることにしました。
오늘부로 일을 그만두기로 하였습니다.

196 : をものともせずに

❸ あの選手は足のけがをものともせず、見事優勝した。
그 선수는 다리 부상에도 굴하지 않고 멋지게 우승했다.

❹ まだ二月だというのに彼は 寒さをものともせず、毎朝ジョギングをしている。
아직 2월인데도 그는 추위에 아랑곳 하지 않고 매일 아침 조깅을 한다.

197 : をよぎなくさせる

❸ 最近の支持率の低下 は、政権交代を余儀なくさせた。

최근 지지율의 저하로 정권이 교체될 수밖에 없었다.

❹ 火山噴火の影響は 周辺住民に避難を余儀なくさせた。

화산 분화의 영향으로 주변에 사는 주민들은 피난할 수밖에 없었다.

198 : をよぎなくされる

❸ ビザ更新の期限が近づいてきたために、帰国を余儀なくされた。

비자갱신 기한이 가까워져서 어쩔 수 없이 귀국하게 되었다.

❹ 雨天のため、コンサートは中止を余儀なくされた。

비 때문에 콘서트는 어쩔 수 없이 중지되었다.

199 : んがため(に)

❸ 経済を立て直さんがために、首相は新たな金融政策を打ち出した。

경제를 재정비하기 위해 수상은 새로운 금융정책을 내세웠다.

❹ 少子化を食い止めんがため、女性の職場環境が見直されるべきだ。

저출산을 막기 위해 여성의 근무환경이 재검토되어야 한다.

200 : んだった

❸ 地震で電気が止まってしまった。こんなことなら、懐中電灯を買っておくんだった。

지진으로 전기가 끊겼다. 이럴 줄 알았으면 손전등을 사두었으면 좋았을 것을.

❹ 仕事を終えて帰宅したが、食べるものが何もない。さっきスーパーに寄って何か買うんだった。

일을 마치고 귀가했는데 먹을 것이 하나도 없다. 아까 슈퍼에 들러 뭔가 샀으면 좋았을 텐데.

김창남(金昌男)

일본 국립치바(千葉)대학 학사과정
일본 간다외어(神田外語)대학 석사과정
일본 국립치바(千葉)대학 박사과정
　　문학박사(일본어학, 일본어교육학)
　　(현)금강대학교 일본어전공 교수

무라카미 치사토(村上智里)

일본 간사이가쿠인(関西学院)대학 학사과정
일본 리츠메이칸(立命館)대학 석사과정
　　언어교육학석사(일본어교육학)
　　(전)건양대학교 전임강사
　　(전)금강대학교 전임강사
일본 (현)사가(滋賀)대학 국제센터 강사

일본어능력시험을 대비한
중상급 일본어문형

초판인쇄　2011년 5월 15일
초판발행　2011년 5월 27일

저　　자　김창남 · 무라카미 치사토

발 행 처　제이앤씨
발 행 인　윤석현
책임편집　조성희
등록번호　제7-220호

우편주소　(132-702) 서울시 도봉구 창동 624-1 북한산현대홈시티 102-1206
대표전화　(02) 992-3253
전　　송　(02) 991-1285
홈페이지　http://www.jncbms.co.kr
전자우편　jncbook@hanmail.net

ISBN 978-89-5668-858-9 93910　　정가 15,000원